天下文化

BELIEVE IN READING

財經企管 BCB730

美伶姐的台灣地方創生故事

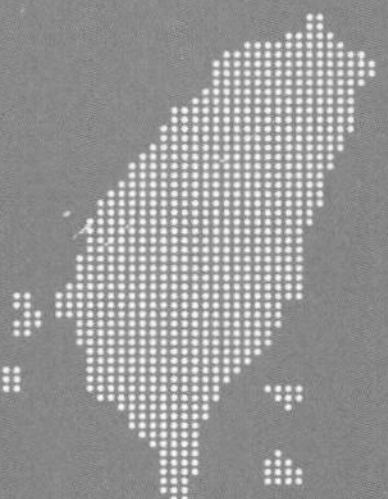

陳美伶 著

目錄

自序 心更寬，力更大——限量版的人生下半場

二〇二〇年五月二十日是我人生旅程第二次離開公職，相較於二〇〇八年從文官職務退休，時空環境已大不相同。於是，決定先回到我熟悉的台南「靜修」。

60+，打造「獨一無二」的人生下半場

十二年後的第二次，如果從台灣的人口平均壽命來看，我已走了人生的四分之三，要思考的是生活逾一甲子的我，該如何為自己打造「限量版的人生下半場」？彭淮南總裁及吳豐山監委二位大哥都叮嚀我，要做好兩件事：一是身體要

保持健康，二是生活要有內容；萬國通路謝明振董事長告訴我：限量版就是做獨一無二的自己，不必模仿也不要抄襲。

近四十年的公務生涯，從中央到地方再重回中央，從最基層的專業法制部門科員到統籌規劃國家發展的部會首長。此期間，我一直勉勵我所有的工作夥伴說：我以作為中華民國文官為榮，有機會服公職是祖宗積德的福報，廉潔自持、全力以赴、服務人民，最終俯仰無愧，讓子孫走路有風就是給自己公務生涯最好的注腳。但如果討人喜歡與受人尊敬不能兩全，身為陳定南部長精神理念上的信徒，我跟他一樣選擇寧可受人尊敬，不做鄉愿。

接下講座教授聘書，柳暗花明又一村

首先感謝中信金融管理學院施光訓校長。認識他許久，他是十二年前我在文化大學任教的同事。中信金融管理學院落腳台南，正逢我在台南市政府服務期間，彼此有交流但並未經常聯絡。五月十四日早上我被告知必須離職，訊息傳出，回到辦公室，秘書告知施校長來電希望下午來訪，二十分鐘就好。心想，要安慰我嗎？下午見面，校長不僅準備好聘書，對於學校的經營及擔任的工作清楚扼要說明。我非常感動，對於可以再回到台南工作，確實心動，於是接下卸任公職後的第一個工作。同時也展開我在地方創生第二年推動的「二地居」，成為先行實踐者。

為「新創」，在微醺下我有勇往直前的動力

在朱平老師及AAMA顏漏有校長的秘密規劃下，六月二十四日在延平北路一個非常有人文氣息的空間，為我辦了一個驚喜的畢業典禮。那一天來了許多來自各地的新創朋友，也來了許多拿到就業金卡的外國朋友，其中一位演唱家表演歌劇清唱，讓現場歡樂氣氛嗨到極點，沒有人問我，妳下一步要做什麼？我感受到滿滿的愛意與祝福。不管是朱平老師、Ming、Charles、素蘭、小花等新創界的「長輩們」，都有不言可喻的默契，知道我仍會與他們攜手在新創界繼續打拚，因為這是台灣當下最有意義且最值得投入的工作，也是可以展現生命力的集合。

那晚雖然沒有醉，但比微醺更下一城。

九十秒的掌聲，揭開美伶姐的人生志業新序幕

六月三十日我參加了一場活力四射超級無敵熱血的「地方創生大會師饗宴」，由九位地創界的「大哥」（林峻丞、何培鈞、林承毅、楊家彥、張敬業、王繼維、廖誌汶、邱明憲、趙文豪）所發起的「台灣地域振興聯盟」在嘉義市舉辦第一屆年會，二天一夜，非常精實。每位參加者收費兩千五百元，來了八百多人。因為疫情採實名制，進場時還大塞車。我當天出席的身分原本是報告人，因已離開國發會，新任游副主委表示要代表國發會報告，於是我退居為開場的致詞嘉賓之一。二天豐富的故事分享與交流活動，我看到了一群充滿熱情與熱誠的兄弟姐妹，有的是我在公職任內還來不及認識的團隊，紛紛加LINE，相約前往拜訪。

七月一日下午最後一場panel，與會者問：地方創生計畫會不會「人去政息」？我帶著一點激動的回應這個連我都非常擔心的問題，就在六月三日（距離我離開才二週）國發會發了一份新聞稿[1]，我驚呆了，因為新聞稿中說，國發會不排除委託法人去落地輔導。一位重量級的創生隊友反應道：一群沒有蹲點過的人要輔導地方，是叫國中生去教大學教授的意思嗎？顯然已引起地創界先進的不安。所以，我回應的重點是：

一、地方創生的執行策略，一定是整合，而不是單線的。先把地方的需求盤點出來，找到DNA，藉此振興產業，提升就業的人口，讓地方可以永續發展。執行時由下而上，不管是產、官、學、研，最重要的是必須與社區整合，大家都要有共識一起推動，絕不只是單純公部門的事情，需要公私協力。政府要做的是提供一個平台與方向，最重要的是在相關法規需要鬆綁時，提供最有力的協助。

二、地方創生不能著眼於硬體建設，尤其是地方選舉又將來到，千萬不要為選票而再增加許多「蚊子館」建設，更不可流於資源分贓，而是要善用軟體，也就是人才、腦力的能量，用數位及創新賦予後疫情時代地方創生的正能量。

三、在地經營的內部創生人才資源已經相當豐富，可以傳承給新進者。兩年來，我也已經努力引導很多新創企業開始去協助在地團隊。如小鎮文創的何培鈞、甘樂文創的林峻丞及當天的九位發起人，在地方耕耘都有超過十年的經驗，他們自己已可以傳承經驗給其他想進來做地方創生的新手，並不需要「外部專家」或「政府法人」來輔導，我們要形塑的是一個「共學」的機制。

這個回應獲得長達一分半鐘的掌聲。閉幕時不預期的由九位發起人拿出預先刻上「創生教母」的木匾送給我，七、八百位參與者同時見證，那個場合好像是個授命典禮，告訴我：「陳美伶，地方創生路上妳已沒有缺席的權利，妳要繼續勇敢的走下去。」

過去近一年時間，我拜訪各地的地方創生團隊，從基隆、宜蘭、花蓮、台東、屏東、高雄、台南、嘉義、雲林、彰化、台中、中興新村、苗栗、新竹、桃園、新北市以及外島的馬祖。次數及足跡都讓周遭的朋友嚇一跳，甚至還有人猜測我在為選舉布局。地方創生將是我的人生志業，我不能辜負「創生教母」品牌所賦予的使命。感謝國際青商會郭文彥總會長及重要幹部吳國本會長等，在一場對台灣未來發展的暢談交流後，決定以「地方創生」做為二〇二一年度主題工作要項。

愛上馬祖的美好，就讓榮譽縣民牽起奇妙的緣分

我不知道對馬祖的依戀是何時埋下的種子？六月底我卸任公職後的第一個生日，是在東莒潮間帶旁的廟口平台上過的，當天夕陽美得讓人陶醉。馬祖相較於

其他離島，資源最少，交通也較不便利，我卻對她情有獨鍾，我應該是被「馬青」的精神所吸引，同時被縣長、議長、立委及鄉長們的堅實友誼所感動吧！四鄉五島，我已去過南竿、北竿、東莒、東引及大坵。去年下半年我又去了三次，我的馬祖行從來沒有因為天候班機取消而被耽誤。感恩南竿山頂上的媽祖保佑。

每位馬祖青年都斜槓得不可思議！從咖啡師、導覽員、電腦修復師、學校代課老師、民宿主人，甚至當起撿骨師、義消、救護員，十八般武藝樣樣俱全。或許是離島缺人，所以樣樣不靠人，捲起袖子自己來，是天下無難事的最好寫照。

感謝劉增應縣長頒給了我「榮譽縣民」的證書；二〇二〇最冷的冬天，我在最溫暖的馬祖！

數據信仰者，攜手威朋（Vpon）為台灣新經濟努力

二〇二〇年七月二十七日我到剛完成C輪募資，拿到包括日本及韓國政府基

金投資四千萬美金的新創——威朋大數據公司發表「後Covid-19台灣經濟發展的策略（七支箭）」演講，並與年輕的公司同仁分享數據在未來新數位時代的重要角色。創辦人吳詣泓（Victor）說我是數據的信仰者，邀請我擔任公司的顧問，共同為資料經濟打拚，並協助公司開拓更大的市場。我答應了！這是我在新創公司的第一個簽約的顧問，之後也陸續與數據相關的新經濟產業新創公司有各種形式的合作模式。與其說擔任顧問，不如說加入團隊成為一員而共學共榮，因為我非常珍惜和年輕人互動交流的機會。

紀律學習，做個快樂的「高年級實習生」

非常佩服台積電張忠謀創辦人對終身學習的定義：不是隨興的閱讀，是有紀律的學習。過去，不論是從事法制工作的專業文官，還是負責統籌事務的幕僚長，抑或是機關首長的政務官，我自認我是個努力學習新知的公務員，跨域學習更是我的喜好。

離開公職後，我首先想的就是補足在忙碌公務中無法有紀律學習的數位經濟趨勢與金融科技、財務管理相關的學問。感謝AppWorks「之初創投」的林之晨創辦人、MaiCoin的劉世偉創辦人及許多的新創好朋友，都給我成為「高年級實習生」的機會，讓我可以繼續燒腦。

共享經濟，台灣的機會與商機

離開公職後，不論新朋友、舊朋友都想來看我，跟我聊聊，除了吃飯、喝咖啡，也聊到是否可以找一個已經是第四消費時代的「共享經濟」模式空間（日本學者三浦展著《共享經濟如何讓人變幸福？》[2]一書提出了第四消費時代的概念），可以較為隱密且不受打擾？於是我找了好朋友——共享經濟協會（已更名為台灣數位平台經濟協會，簡稱DEAT）的理監事們幫我尋找適合的共享空間。感謝Andy前理事長、Jeffrey現任理事長、元韻、育寧的大力協助，那段時間就像找房子一樣的到處參觀。我真的大開眼界，原來共享經濟在台灣不再只有共享停車位、共享機車，便利、新穎、全數位化的共享空間已有相當的市場。許多外商不再租整棟樓做為辦公室，更不會買下辦公室，上班同仁沒有固定的座位，大家可以隨意流動，享受自由自在的辦公環境，非常人性化，而且非常的舒適。在新冠肺炎疫情的助長下，共享空間的市場更是蓬勃發展。最後我沒有選定固定的共享空間，因為我學會了利用數位工具給自己多元的選擇，讓城市的移動更為自由，而我看到商機，也看到機會。

「華人精英論壇」，享受與萬人共鳴的喜悅

稍早，吳豐山前輩曾經建議我，應該將在台南市政府服務見證台南市升格後的公共治理經驗及擔任國發會主委任內推動的重大政策心得，寫成文字、留下紀錄。遠見天下文化事業群創辦人高希均教授每回看到我，也建議我要寫書或寫文章。我曾經非常掙扎！雖然我不定位自己為政治人物，但似乎身體內某個基因一直和政治牽扯，想斷捨離，又好像不是操之在我。而我直白、不喜拐彎抹角的個性與作為，常常被拿出來做文章，家人因此不希望我再受傷害，於是我遲遲未下決定。

這是個自媒體的時代，林之晨告訴我，透過臉書可以將自己的想法完整論述，Xrex的黃耀文創辦人建議我要開臉書才能與朋友做最直接的互動，也方便將自己的理念傳播出去。Victor、培鈞、小木、家華都曾給我信心，但兩年前的網軍壓境對賴清德醫師的汙蔑與中傷，我餘悸猶存。

最後採取折衷，我不定期在遠見網路版的「華人精英論壇」寫一些短文與好朋友分享一些觀察與經驗。從去年七月十五日發表第一篇有關台灣地域創生聯盟年會的感想，到最近一篇氣候變遷的文章，也累積了十篇短文，點閱率都有萬人以上，看來我的筆並沒有生銹。這讓我想起我在陞任科長時，法務部施啟揚部長給我的勉勵。施部長說，即使升了科長，擔任主管，還是要「是將也是兵」。我看過很多的長官、同儕，職位到了管理階層，就只會改公文、而不會寫公文，更不用說寫文章，因此我深以為戒。寫作有時可以讓自己抒壓，如果可以得到共鳴，更會感到幸福，我想現在社群媒體之所以讓人愛不釋手，就是抓到了被按讚的愉快心理學效應吧！

I am alone, but I am not lonely！
但組織力量大，團隊合作向前行

那為什麼要寫這本《美伶姐的台灣地方創生故事》？

去年十一月三日在遠東大飯店，由黃日燦律師申請成立的「台灣產業創生平台公益信託基金」與台杉投資公司共同舉辦「二〇二〇台灣產業新創投資論壇」。黃律師的公益信託基金是我在國發會主委任內核准的第一個公益信託案例，成立的目的如同記者會當天（二〇二〇年一月八日）黃律師說的，「盼透過平台連結讓國內成熟產業『跳開今天的產業、明天的訂單，看到後天產業轉型的機會』」，因為，台灣的新創能量，一直不受大企業老闆的青睞，所以推動企業創投（CVC）一直是新創界的期待，也是我在任內完成「優化台灣新創投資行動方案2.0」的主要策略之一。當天的與會者冠蓋雲集，許多大企業家都出席了，席間我向他們報告了我所關心的地方創生。

台灣地域振興聯盟在年會成功圓滿後，九位發起人很有凝聚力，經過幾個月的沉澱後，他們再聚會討論聯盟的組織架構，最後考量功能與目的之後，決議維持寬鬆的組織型態，暫不正式立案。但成員中有許多人建議我要籌組基金會。

回想一九八〇年進入法務部服務，李元簇部長要求同仁公務之餘必須持續對國家的政策進行研究，我的第二本研究報告是《統一財團法人主管機關可行性之研究》，當初的研考會又委外研究相同議題，最後都束之高閣，不了了之。二〇〇〇年政黨輪替，陳定南部長看到了問題，責成法律事務司司長的我要草擬《財團法人法案》，送到行政院審查時，我已轉任行政院法規會主任委員，可惜該部法案在院會中受到地方政府首長的杯葛而延宕了近二十年，二〇一八年台灣終於有了第一部規範財團法人的專法，但內容仍沒有解決存在的困境，也沒有鬆綁對私人成立財團法人的管理尺度。

成立基金會原本不在我的計畫中，但太多的好朋友及與我交流過的地方創生團隊，都希望有一個對口可以持續與我合作，所謂「一個人可以走得快，但一群人才能走得遠。」所以我開始認真思考，畢竟我再怎麼努力，還是勢單力薄，有了組織力量大，團結合作才是最好的方向。的確，台灣的地方創生須有最具決心與堅持的民間力量加持，這條道路才能更為平坦與邁向康莊。

過去近一年，我像個傳教士到處分享美伶姐的地方創生故事，但還都是「點」，偶爾有「線」的連結，仍看不到「面」的形成。既然我累積了百餘頁的簡報，也有超過五十個以上的案例分享，為什麼不出本書，透過「面」來產生影響力？一個午夜夢迴，我勇敢的向遠見天下文化事業群的天來兄提議，獲得溫暖的回應，這就是本書誕生的緣由。

最美的間奏，人生重開機的一年

我讀美國前副總統高爾的傳記，發現他對人類社會的最大貢獻，竟是在他結束公職之後全球奔走，大力鼓吹防止地球暖化。我不敢以此自況，但確定會以此自勉。

最後，感謝我的家人，感謝所有愛我的長輩、關心我的同儕友人，更感謝對我不離不棄的台灣未來新希望——Startup Island Taiwan 的新創團隊及散在各地的地方創生團隊，美伶姐不會在你們的戰場上缺席的。

陳美伶
0520
2021

1 https://www.cna.com.tw/news/afe/202006020219.aspx

2 三浦展著、馬奈譯，《共享經濟如何讓人變幸福？：利他・分享・在地化，我們已進入第四消費時代》。台北：時報，二〇二〇年。

第一部

台灣地方創生策略ABC

台灣的地方創生是一項為解決城鄉人口結構兩極化及整體發展不均衡，透過整合各界資源與人才，發掘地方人、文、地、產、景的優勢與特色，振興地方產業，創造就業機會，以達到讓人口不外流及回流的國家戰略計畫。

地方創生必須由下而上的整合、用需求驅動供給，為地方經濟注入活水，讓這一代可以安居樂業，讓下一代可以安身立命。

緣起

「地方創生」這個名詞，並非我們的原創，而是源自日本的漢字。二〇一二年安倍晉三就任日本首相，發現日本正面臨少子女化及高齡化的嚴厲挑戰，加上發展不均衡，東京都等大城市都被沉重的人口負擔壓得喘不過氣，民間開始提出警告，呼籲要關注地方可能消滅的危機。於是安倍政府自二〇一四年推出國家級的地方創生總合計畫，希望用國家的高度解決人口兩極化及讓東京都減壓，進而可以達成維持一定的人口成長及讓鄉村穩定發展的願景及目標。具體的作為則是制定專法，並派任直屬內閣府的地方創生大臣，要求最基層的地方單位於一定期間內提出地方創生計畫。

台灣的發展在很多地方與日本類似，二〇一七年台灣出生率再創新低，當年的新生兒總數首度跌破二十萬人（僅有十九萬三千八百四十四人），台灣也正式進入世界衛生組織所定義的高齡社會（百分之十四以上的人口年齡超過六十五歲）。依國發會定期所做的人口推估報告，台灣的人口紅利在二〇一五年已達最高峰，如果不正視此國安問題，不但人口紅利在十年內就會消失，人口總數也將在不到三十年光景就會低於二千萬人。再加上台灣的建設發展同樣也過度集中於都會區，雖然經過三次政黨輪替，我們看到的還是重北輕南、重西輕東的景象。相較於日本，我們不遑多讓，甚至我們邁向超高齡社會的時間比日本還快，著實令人憂心。但懷憂喪志並不能解決問題，必須提出策略因應，這是政府的責任。

二〇一七年九月七日賴清德先生就任行政院長，上任後除積極處理當下所面臨的相關民怨及企業界詬病已久的「五缺」（土地、水、電、勞工及人才）外，也積極的擘畫台灣的未來，在十二月二十七日的年終記者會賴院長提出「安居樂業」、「生生不息」及「均衡台灣」三大未來施政主軸，強調政府責無旁貸，要打造安居樂業環境，並解決台灣少子女化所引發的人口危機及揭示均衡台灣是下階段行政院的努力目標，希望帶動台灣整體向前。「地方創生」的政策呼之欲出。

事實上在我就任國發會主委前，國土區域離島發展處的郭翡玉處長就看到了日本的新政策，在二〇一六年就以「設計翻轉」啟動地方創生的試辦計畫，前後選定三十五個鄉鎮市區加入，盤點資源後，透過設計能量創造地方品牌與初期可行的模式。在二〇一七年十一月於台北松山文創園區舉辦第一次的成果發表會。感謝賴清德院長親自主持開幕，共有十七個縣市共同參與，這個與中華民國設計協會合作的策展，讓台灣的設計力展露光芒，也和在地產業、人文風采、地貌風景的融合做初步的接觸。其後，我們將台灣的團隊帶到東京的丸之內與日方的專家交流，我也利用時間參訪了日本幾個具代表性的案

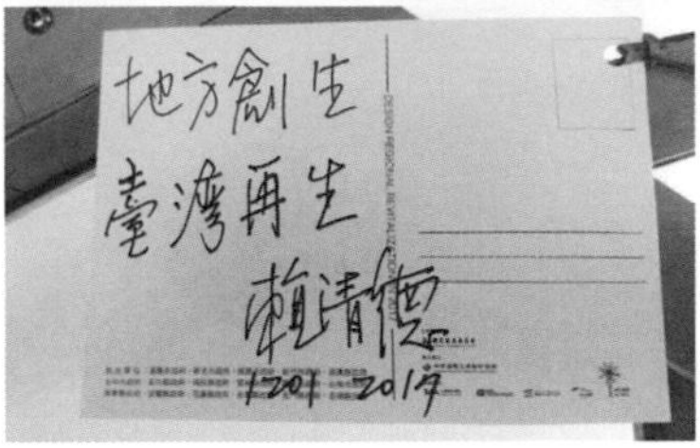

例，汲取日本經驗，做為台灣地方創生政策規劃的參考。

經過幾個月和同仁的反覆討論，也走訪、請教許多在地深耕的團隊，聆聽他們的建言，整合我們的計畫內容，向行政院提出規劃報告。二〇一八年五月二十日由行政院賴院長親自主持，啟動行政院層級的地方創生會報，委員包括來自民間的信義房屋董事長周俊吉、台積電慈善基金會董事長張淑芬、中華民國品牌協會理事長陳春山以及來自地方政府的屏東縣潘孟安縣長、台南市文化局葉澤山局長，各相關部會的首長，包括內政部、農委會、文化部、客委會等。該次會議除了通過行政院的地方創生國家策略計畫外，同時也宣布二〇一九年為台灣地方創生元年。

接任國發會主委，開啟我公務生涯另一扇窗

二〇一七年九月七日內閣改組，賴清德院長沒有留任我續任秘書長，林全院長轉達蔡總統希望我接任國家發展委員會主委，並積極鼓勵我接受。經蔡總統召見確認後，我接下了這個我公務生涯最後一個職務——行政院政務委員兼國家發展委員會主任委員。行政院從陳水扁總統開啟組織改造，國發會二〇一四年正式掛牌成立，第一任主委是管中閔先生，我是第五任主任委員。

從經建會到國發會，多數國人的印象，這個職位應該由總體經濟的專家學者擔任，我的法律背景及過去文官經歷非總體經濟直接相關，要如何承擔此一重任？我確實面臨挑戰，但我深知，組改後的國發會不等於經建會，也不等於「經建會＋研考會」，因為這二個機關過去都是行政院的幕僚角色。組改揭牌後，它應該是一個具統合協調的「業務主管機關」。而在面臨全球化、台灣民主化、三次政黨輪替後，國家發展委員會的功能與業務內容不僅要有新的思維，更應與時俱進，這也是國發會的內部單位除了經濟處外，其他的處室業務職掌都具備高度總合性質，包括產業政策、社會發展、人口政策、人才培育政策、公共建設審議、

數位發展及法規調適等等。

上任後，我利用包括假日在內的時間，密集的聽取所有單位的簡報，和所有主管們一再的腦力激盪，一週後正式舉行記者會，提出我對國發會的重新定位，並公布該年度的十項工作計畫（其實只剩半年的時間）。以下是我對國發會最重要的三個定位：

一、具宏觀高度的國發會

我認為國家的永續發展，不應以追求GDP的成長為唯一目標，而應追求包容性成長（Inclusive Growth），除了經濟面外，同時也須關注環境永續與社會公義的課題，使社會各階層的人都能在經濟成長的過程中參與並分享經濟成長的結果。二〇一五年九月，聯合國發表「轉型中我們的世界——二〇三〇年永續發展議程」（Transforming our world: the 2030 Agenda for Sustainable Development，又稱 Agenda 30），公布永續發展目標（Sustainable Development Goals, SDGs），內容涵蓋經濟發展、生活品質、人力教育、基礎建設、分配正義、綠能發展、氣候變遷、永續國土等十七個主題，並且訂出二〇三〇年前需達到的目標，益顯出國家的全方位發展與包容性成長，已經是全球的主流趨勢。國發會應強化全方位的政策規劃能力，在全力振興國內經濟的同時，兼顧社會公義、環境永續，帶動國家發展的全方位改變，推動國家發展的深層改造與進化，營造一個公平、公正且包容的國家，許下一代一個未來。

二、強化行政團隊執行力的國發會

過去行政機關常被譏笑，擬訂的計畫是桌上畫畫、牆上掛掛，然後束之高閣。換句話說，再完美的政策若缺乏具體執行與落實，終將淪為空談。所以「執行是王道」，國發會應加強協調、整合及協助各部會推動施政，如加速執行攸關產業結構轉型的產業創新計畫、有效率的執行基礎建設，並保持在經濟轉型中產業所需的人力與法規彈性。當然還包括要讓有限的資源做最有效益的運用，有效管控各項計畫的執行進度與預算效能，以減少財政上不必要的浪費，才能讓人民對政府施政有感。

三、接地氣的國發會

施政必須貼近民意。不論過去的經建會或研考會，因性質上屬於幕僚，多半的工作都在辦公室及會議室進行，儘管做了民調，也是透過書面方式進行，同仁鮮少走到第一線。我認為在新時代、新媒體的環境下，國發會除了應強化既有公共政策網路參與平台的民意反映管道，鼓勵民眾參與政府各項公共政策的討論外，也要走出辦公室瞭解民心所需，密切觀察民意走向，讓民意能及時反映在政策制定上，並透過必要的回饋機制，進行政策滾動式調整。

重新定位後，我展開「非典型主委」的奇幻旅程，走出辦公室，直接與美國、歐洲、日本商會的會員面對面的交流互動，親自主持白皮書每項建言的跨部會協調會議，迅速解決面臨的困難；和五大工商團體秘書長定期聚會討論重要的財經議題；前往金門、馬祖、澎湖、花蓮、台東瞭解離島基金及花東基金執行狀況與聽取地方的建言；拜訪新創（Startup）公司並參與他們的各項論壇或活動；最後就是帶著團隊利用假日走遍二十二個縣市說明地方創生的政策內涵並拜訪在地的團隊，與他們交心及交友，做一個真正接地氣、解決問題的國發會主委。

台灣為什麼需要國家級的地方創生計畫?

台灣人口結構的現況

從人口的趨勢可以看到，台灣的人口紅利在二〇一五年到達最高峰，推估到二〇二八年人口紅利就將結束。二〇一七年出生人口不到二十萬人，相較於我出生那年的新生兒是四十二萬人，足足少了一半還多，三年前推估在二〇二二年人口才會負成長，但二〇一九年二月新生人數與死亡人數就死亡交叉，新冠肺炎疫情台灣防疫成績有目共睹，但人口卻在二〇二〇年提前負成長，真正到了「生不如死」的境界。二〇二〇年全年新生兒只有十六萬五千二百四十九人，二〇二一年元月更只有九千六百零一個新生兒，人口成長已到懸崖，這已是國安問題，也是個重大警訊。

人口結構另一個極端——高齡化也值得關注的，台灣從「高齡社會」邁向「超高齡社會」（百分之二十人口年齡超過六十五歲）只需要短短的七年（日本是十一年），速度之快令人震驚外。台灣最新的人口平均餘命統計是八〇・九歲，但不健康（臥床）的年齡是八・八年，人口老化對經濟層面的影響至鉅，包括

高齡化

少子女化

推估超高齡社會（老年人口達 20%）
2025 年

推估人口紅利結束
2028 年

推估總人口數跌破 2000 萬人
2052 年

台灣人口趨勢

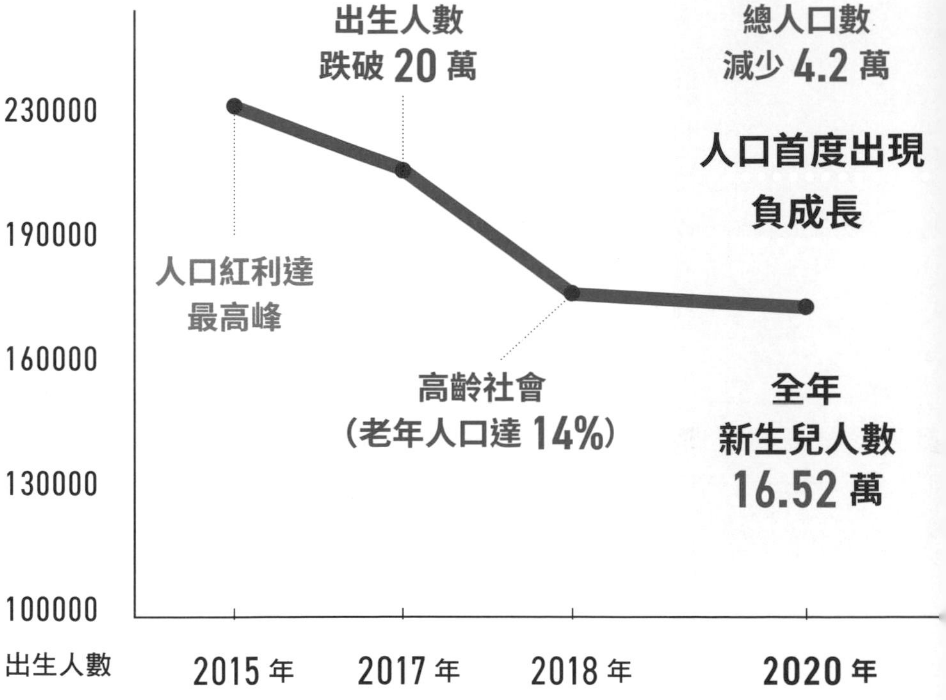

資料來源：國發會

勞動力短缺與財政可能惡化，國家資源的運用調度都是一大挑戰。加上人口外流，高齡駐守偏鄉更形嚴重。

台灣的區域發展現況

再就台灣從國土的人口及經濟統計分布來看，過去五年出生人口增加的縣市，除離島外，只有新北市、桃園市、台中市及新竹縣市，其餘縣市人口均減少；如再加上用「低收入戶與中低收入戶占比」除以「納稅單位平均各類所得金額」的全國中位數來看，三百六十八個「鄉鎮市區」中有一百三十四個屬於相對經濟弱勢地區，如從其分布來看，整個台灣重北輕南、重西輕東的事實，一目了然，無待贅述。我記得在台南市政府服務時，賴清德市長曾針對興建重大公共建設政策取捨時說，一個人健康的定義，應該是全身所有細胞都活化才符合健康的要件，否則心臟再強，如果膝蓋很弱、舉步維艱或腸胃消化系統不良，身體仍然稱不上健康，大型建設前應先盤點閒置的資產予以活化。現在的台灣如果像一個人的身體，就像一個中風的人，不但頭重腳輕，更是傾斜一邊，當然稱不上「健康」。

台灣人口成長情形
頭重腳輕

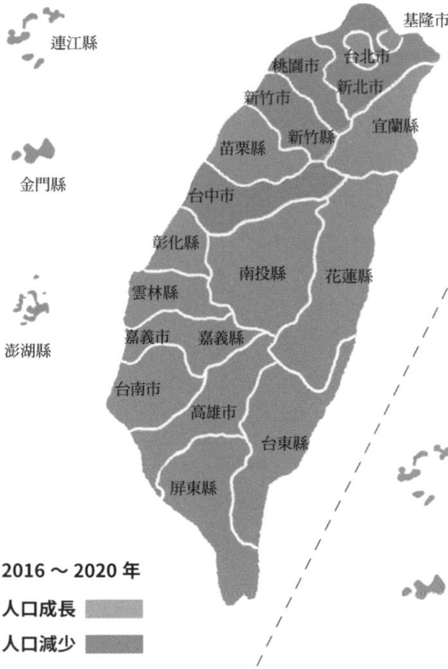

台灣地方經濟發展情形
中風傾斜

▶ 人口流失嚴重
▶ 相對經濟弱勢地區

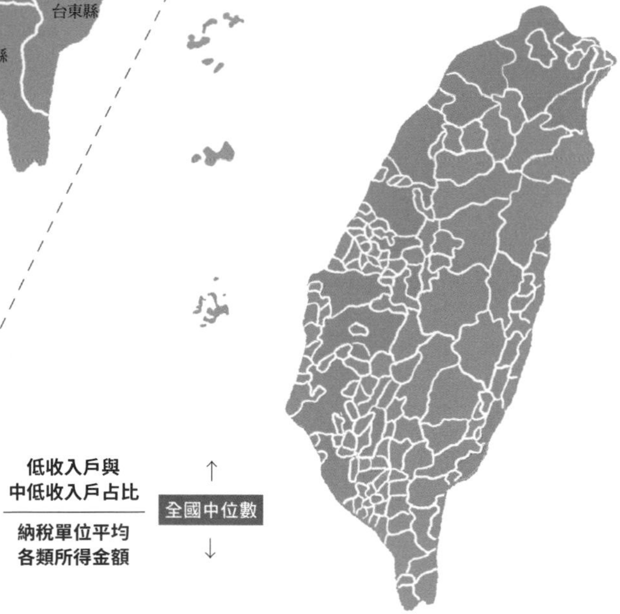

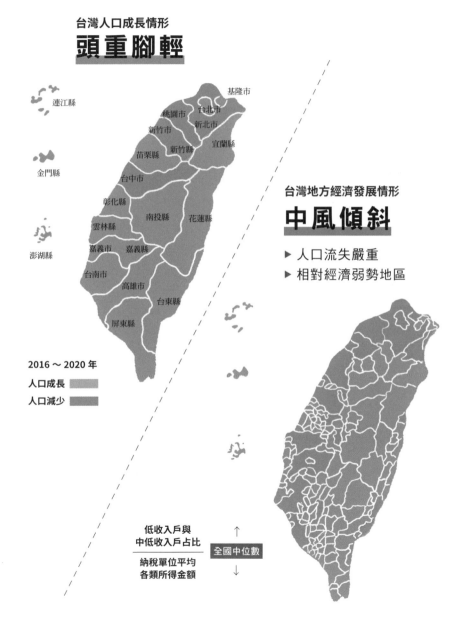

二〇一八年地方首長選舉時，「北漂」不但成為人口外流的代名詞，更成為選舉議題。事實上造成無法「留鄉」、「回鄉」的原因是許多結構性因素糾結的結果，也是長期的累積，如果不能抽絲剝繭的逐一解決，至少不要在傷口上灑鹽。

因為就學、就業必須離鄉，是每個人擁有的自由選擇權。人性中為追求更好的生活品質與實現夢想而離鄉，也是人性本然，都沒有對錯。而離鄉後想要返鄉，通常也會有各種主客觀因素的推力，答案未必同一。有長輩期待子孫回鄉共享天倫，但也有長輩阻止晚輩返鄉，擔心返鄉影響子女的發展，那是因傳統社會將返鄉定義為失敗或沒面子的情結作祟。這些想法都會隨社會的進步與觀念價值觀的轉變而消弭，未來我們期待透過地方創生計畫的執行，讓台灣的島內人口移動成為再正常不過的一件事。

台灣人口結構的惡化已是國安問題，中南部及東部如果人口再流失，區域均衡發展將不可求，也會影響政治的實力與版圖的合理分配（例如屏東縣因人口流失而立委席次少了一席、嘉義縣也岌岌可危），而我們惡化的程度已超越日本，「地方創生」不僅迫切，更要找出屬於台灣的原生版。

台灣原生版的地方創生

二〇一八年九月二十二日我率領郭翡玉處長及二位同仁前往日本東京優良設計丸之內的內展廳（Good Design Marunouchi），主持台灣「設計翻轉．地方創生」國際成果分享，本次國際成果展以「人、地、產」為策展核心理念，分為「花、竹、茶、海洋、戰地、原民、文化」等主題，展現台灣各地獨特、多元的地方文化及特色產業或產品風采。展出的內容包括將三峽的藍染、鶯歌的陶藝、竹山的竹器以茶席方式，選用坪林回鄉農友栽培的有機淨源茶、高雄六龜野生山茶及阿里山三十五號的高山烏龍茶在現場泡茶供大家品茗，並搭配屏東東港福灣莊園的櫻花蝦巧克力作為茶食，讓與會的日本朋友驚豔不已。出席貴賓包括駐日經濟文化代表處謝長廷大使、日本台灣交流協會舟町仁志理事長、墨田區役所鹿島田和宏部長、日本設計振興會（JDP）大井篤理事長、中小機構國際交流山口幸文審議役、野村總合研究所田崎嘉邦部長、台灣僑界代表，以及國內中央、地方政府及民間代表，到訪會場的貴賓及參觀的人潮絡繹不絕，現場人山人海。這是台日地方創生交流的第一步。

利用到日本參展之便，我也走訪了幾個具有代表性的地方創生據點，瞭解日本已做了第一個四年的績效是否符合預期的目標。我的觀察有幾個面向，第一、我發現台灣與日本在人口密度與土地面積有極大的差異，日本人口密度約每平方公里三百三十餘人，台灣人口密度約為每平方公里六百五十人，幾乎是兩倍，且日本幅員廣大，從鄉鎮到都會，即便搭新幹線也需要較長的傳導時間，台灣則是透過便捷的高鐵及快速道路路網，形成一日生活圈，距離不是問題。第二、日本四年來由上而下的策略，要求都道府縣基層單位在期限內提出地方創生計畫，最後多淪由顧問公司代為撰寫計畫的買辦文化，地方並未被擾動及洞悉計畫和自己的切身關係。第三、日本在土地使用分區的管制上法規相對比台灣寬鬆，因此閒置廢棄學校活化成為驛站、教室成為住宿房間、禮堂成為農產品直售所、操場成為停車場，還有溫泉設備並不困難，時效上也相當的迅速。

觀察日本的實例，也看了許多日本學者的著作，我非常肯定的告訴同仁，台灣必須走自己的路，我們可以借鏡日本，但絕不可以抄襲或模仿，我們要打造屬於台灣的地方創生原生版。

地方創生
REGIONAL REVITALIZATION

台灣地方創生的核心思維

定義「地方創生」不易，特別是在多元民主的台灣，每個人都可以是自媒體，也可以在網路上擁有話語權，因此在國發會研議時，我們沒有先下定義，我們先找出核心主軸，並設計淺顯易懂的ＬＯＧＯ。從現在大家所看到的ＬＯＧＯ（參見上圖），台灣的地方創生有三個核心的思維。

第一、我們要以人為本，促進人口回流及不外流。我們不強迫青年返鄉，也不以年輕人做地方創生唯一的訴求，我們只要讓島內人口移動，壯年返鄉也是被鼓勵的。

第二、我們要找出地方產業的ＤＮＡ，利用屬於自己的優勢，振興產業，創造工作機會，增加就業人口，因為有了生計，才會有生機，才會留下來或回來生活。

第三、我們要因應數位經濟時代的需求，將科技導入地方創生。因為四十歲以下的國民已是網路原生代，如何善用數位科技，帶動地方的產業及生活型態的數位轉型，偏鄉同樣可以享受數位基礎建設的便利，擁有數位平權，讓台灣不再有偏鄉，可以均衡發展。

經過近三年，腳踏實地捲起袖子，第一線觀察與實作，我嘗試將台灣的地方創生定義如下：「台灣的地方創生是一項為解決台灣城鄉人口結構兩極化及整體發展不均衡，透過整合各界資源與人才，發掘地方人、文、地、產、景的優勢與特色，振興地方產業，創造就業機會，以達到讓人口不外流及回流的國家戰略計畫。地方創生必須由下而上的整合、用需求驅動供給，為地方經濟注入活水，讓這一代可以安居樂業，讓下一代可以安身立命。」

如何推動地方創生？政府的策略、方法又是什麼？

公部門在提出任何一項政策時，必須要有論述，但論述不能像學術論文，當然也不能便宜行事、喊喊口號。雖然我一向喜歡用平實的論述方式說明政策內涵，但為了深入基層，讓計畫的TA（Target Audience）加深印象，也只好不免俗的提出「地方創生五支箭」。

第一支箭：企業投資故鄉或政府運用國發基金的資源投資地方產業

日本地方創生大師木下齊曾說，補助是毒藥。也有人說，我有繳稅，拿政府的補助天經地義。補助或許沒有對錯，但它用對地方了嗎？解決問題的方法，除了補助之外，有沒有更好的選擇？

二〇一八年十二月在高雄市舉辦政策說明會，會議接近尾聲時，坐在最後面的一位在大學教書的老朋友突然舉手，他說，大學教授vs.政府補助計畫，已淪為「買辦」角色，是申請單位的打手。除了大學教授，更多的顧問公司亦同。會寫計畫的團體經費源源不絕，不會的團體嗷嗷待哺，也得不到關愛的眼神。於是強者愈強，弱者愈弱。

二〇一八年四月二十一日，一個週末的早晨，我和宜蘭三星鄉鄉長李志鏞約在公所見面，他應該對我的來意充滿懷疑，所以沒有準備簡報也沒有同仁陪同。在鄉長室短暫交談後，他帶我看幾個重要的場域，首先來到了一個埤塘的風景區，我看到了木造的涼亭與步道都已有腐朽的狀況，尤其是步道欄杆搖晃險象環生。鄉長告訴我這是中央七年前補助興建的硬體，使用期限尚未到已不堪使用，且中央只給了興建費用，維護費要鄉公所自籌，而鄉公所根本沒有這筆預算。

林全院長任內，民意支持度一直不高，特別是在勞基法「一例一休」修法時，年輕人的不滿更是達到高峰。一場在總統官邸和年輕人的交流中，也聽到了心聲。他們告訴總統，政府的補助都被「中盤商」拿走了，真正能夠下達到實際需要的年輕人手中已少之又少。還有為了核銷，必須依照補助單位的要求刪刪改改計畫內容，最後，內容已不是他們想要的，卻無奈的必須執行。

我在台南市政府服務時，各局處（包括區公所）都很認真的看中央又有多少計畫可以去爭取經費，也很努力的寫計畫書去爭取，但每次爭取回來，市政府必須分擔的自籌款還得看議會的臉色，增加的人事費用薪資給了，但勞建保費等配套都不在補助範圍內。相同的計畫，只有一再的「加法」，錦上添花，對於需要雪中送炭的計畫根本鳳毛麟角。

這些無奈與怨言，我看到什麼？

三星鄉的案例，第一，宜蘭是個多雨的城市，木頭建材不應是首選；第二，中央只補助興建費用，建設的維護費才是大宗，卻要窮鄉僻壤的鄉公所自籌，根本強人所難；第三，中央與地方的財政收支劃分這個結構性問題已病入膏肓，仍看不到有改善的曙光。而要打破買辦文化，就要回歸計畫的本質，讓地方創生計畫是「由下而上」、是「地方整合」、是「需求導向」才能長出來，不是光鮮亮麗的「計畫書」，也不是爭取經費的「樣板書」。

行政院主計總處朱澤民主計長曾經問我，你的地方創生計畫需要多少預算？我告訴他，我不會跟你要求增加任何預算，他鬆了一口氣。我不是替他省錢，而是我想藉此扭轉大家的思維與做法。我們要的是永續的發展，國發會是一個統合協調的機關，地方創生是一個跨部會的整合計畫，透過各部會既有的計畫合理調度資源，才是正辦。

因此推動地方創生的關鍵是地方產業資金的來源必須和產業的永續並存，形成一個命運共同體，這時候我選擇投資故鄉、投資地方。

我常開玩笑說，現在中央的公務員不難當，因為爭取到了預算，就寫一個計畫，美其名叫做競爭型計畫，讓地方政府、民間團體來競標。實際上就是先發一個標案給法人撰擬遊戲規則，然後開始徵件，再找一批學者專家來審查，決定補助項目及金額，再由法人擔任所謂的「專案管理」，最後辦理執行經費的核銷，預算用完，執行率達到，公務員也就沒事了。

如果我改變以投資代替補助，會為公務員帶來新的工作，當然會有抗拒，因為他們不知該如何定KPI。長期拿政府補助的優勢團體也會罵我，因為我可能斷了他們的奶水。立法委員也會質疑我，沒有預算你能做什麼？

我始終相信，政策推動不是只有預算就能達標，效益更不是用錢堆積的。公務員本來就不該墨守成規，應該目標導向，隨時機動調整，才能發揮效能。對於靠政府補助的優勢團體，我不過是新增計畫沒有新增預算，並沒有砍掉或挪移其他部會的經費，換句話說奶水仍在。至於立法院立委固然少了可以替地方爭取經費做為政績換選票的機會，監督權限並沒有打折，所以我並不擔心。

至於企業如何投資故鄉，誘因何在？就現行的制度而言，不外是可否減免租稅及是否可以折抵費用。日本有故鄉稅的機制，企業可以主張所繳稅捐的一定比例給指定的地方層級政府。在與財政部不斷的協商後，獲得的答案是兩國的稅制不同，我們無法採用，但如果以捐贈的方式處理可以全數列為費用抵減。

於是我想到了企業的CSR（Corporate Social Responsibility）及ESG（Environmental, Social and Governance）制度，這不但是全球趨勢，且與聯合國永續發展指標SDGs相結合，完全符合地方創生的精神，因此如果企業的社會責任不要只在捐錢、不要只做淨灘、不要只做發放獎助學金，而是能納入地方創生項目的投資，成為「影響力投資」的一環應該可以創造雙贏。於是我透過媒體的影響力，請《遠見》雜誌等具公信力的媒體，在選拔CSR獎項時納入地方創生項目，已獲得很好的迴響。我也利用工商團體的公協會開會或演講時鼓吹企業投資地方創生事業，也媒合若干企業直接投資，並運用國發基金的既有機制受理投資的申請。

這個改變經過兩年的試煉，是受到地方創生團隊的支持的。尤其是年輕一輩的創業家。

第二支箭：科技導入

當政府提出任何一項政策涉及地方事務或建設時，首先要面對的挑戰課題就是計畫執行的結果會不會造成「城鄉差距」更形擴大？我相信地域的均衡發展絕對是每一任政府都念茲在茲的施政理念，也有相當的決心想要實現，但經常事與願違，執行的結果和期待有相當的落差，加上缺乏因地制宜的彈性設計時，只會讓偏鄉越偏鄉。

在地方創生的政策設計時，我特別強調科技的導入，是看到我們已處於數位經濟時代，惟有加速數位轉型，透過顛覆式創新科技，從生產、製造、產品設計、行銷、通路、服務乃至品牌的打造，整個微笑曲線均應納入最新的科技思維與技術、方法，我們才有機會走向國際和全世界競爭。

這些創新技術包含哪些？我用簡單的英文字母加深大家的記憶。

A（AIOT/AR/VR）：指人工智慧、物聯網、虛擬實境等。

B（Blockchain）：指區塊鏈的技術，除了鏈圈的認證及溯源等加值運用外，也應包括發行代幣及行動支付相關的連結。

C（Cloud Computing/Edge Computing）：指雲端運算或邊緣運算的技術。

D（Big Data/Open Data）：指大數據與開放資料的運用。資料可以驅動創新，是所有產業發展的基礎，利用數據的分析做各項的決策與商業型態是未來絕對趨勢。

E（Ecosystem）：產業發展必須建構完整的生態系與產業鏈才能創造最大效益。

F（Fintech）：網際網路只能做資訊的流通，有了區塊鏈之後，會有交易資產的流通，金融科技會帶來新的應用與新的交易模式，產業也必須導入此一思維。

G（5G）：5G會帶來人類生活型態的改變，對於產業的發展及地方的需求也會有革命性的影響。

游智維在《鄉下創業學》一書介紹的第一個日本案例就是「神山町——讓年輕人嚮往的科技新城」。這個位於四國德島山區的小村落，意識到要打造移居的友善環境，不是爭取更多的公共工程、更多的聯外道路，而是現今世界裡最不可或缺的網路，於是用科技打破界限，獲得二〇一六年日本總務省「地方創生大獎」的殊榮。這是一個用最快網路打破偏鄉宿命，讓千億IT企業駐點的典範案例。

廣告詞說「科技始終來自人性」，二〇二〇年一個眼睛看不到的病毒，已澈底改變我們的生活型態、消費習慣及商業模式，在後疫情時代，我們看到的是數位轉型的腳步加快，科技已成為生活必需，遑論產業。越偏鄉可以越數位，享受數位平權的利益，創造更多的價值，讓偏鄉不再是偏鄉。

台灣有傲視全球的半導體產業、IC設計等技術，如果把台積電這座「護國神山」所帶來的數位效益，結合中下游的生活科技需求導入地方，公部門做好資源的有效合理分配，那麼台灣的均衡發展指日可待。

第三支箭：由下而上，整合產官學研「社」共同參與

台灣民主化的過程中，強調多元的參與，要擺脫一言堂的威權領導，讓政策的研擬或執行可以聽見不同的聲音。我四十年的公務生涯正好經歷台灣從戒嚴、解除戒嚴、終止動員戡亂、總統直選及三次政黨輪替。從事法制工作的我，也見證了這段時間法制的變革。行政機關從被識為黑箱作業，到引進專家學者參與決策落實民主多元參與。例如，特別是審議的角色，大家最熟悉的像土地、交通建設的開發要經過環境影響評估委員會的審查、健保總額管制的審議及訴願的決定，都要有一定比例的外部委員參與，另外，為落實性別平權，還立法要求女性參與的比例門檻等都是重要案例。

除了民主化的轉換過程，官僚體系長久以來的僵化與保守，也是引進外部參與的另一個主要原因。但地方創生要解決的是地方所面臨的問題，由上而下或外部意見，都不如在地者真正認識、瞭解自己的優勢、劣勢與需求所在，因為創生真的沒有辦法「複製貼上」，一定要找到地方的主體性，讓地方特色極大化。

因此，推動地方創生策略的第三支箭就是要結合社會的參與，特別是由「社

區」擔任需求發動的引擎，才不會讓供給方的著力偏離軌道，事倍而功半。

台南市是全國淹水潛勢面積占三分之一的城市，治水建設是市政府無可迴避的責任。依謝長廷院長任內啟動的易淹水整治計畫，經濟部水利署採用的是二十五年的防洪標準，台南市花了近十年的時間也不過完成中央管河川及區域排水四分之一的整治，在各縣市均有需求僧多粥少下，如何能讓市民免受淹水之苦，必須用更有效率的應急措施加以解決。於是賴清德市長帶著相關局處長深入基層，和七百五十二位里長及社區發展協會理事長進行區里座談，共同解決水患的問題。會議中我們清楚看到里長及耆老才是真正知道水患造成原因的人，方法、技術必須切合實際才能克竟全功。那些會議來自里長、理事長的發言，讓我感受到公務員不能有專業的傲慢，惟有聆聽、瞭解才是真正解決問題的方法。

這個體會更堅定地方創生的推動必須結合公私部門協力（Public Private Partnership, PPP），且應由下而上的凝聚共識與整合意見，並讓社區參與的信念，列入第三個策略。

第四支箭・整合統籌各部會創生資源經費做合理的分配

政府資源有限，要讓每一分錢都用在刀口上，這是身為公務員的ＡＢＣ，因為這是人民的納稅錢。記得我擔任台南市政府秘書長時，每年要負責審查各局處的預算案，因為賴清德市長堅持一定要落實「零基預算」，因此審預算等於在審查各項計畫，對於已無效益的計畫，不再編列經費，對於新興的計畫，只要可行且符合地方的需要，一定納入預算案，且不會挑三揀四、東扣西扣，反而會大方放送。

另外，開源固然重要，節流也不可忽視，賴市長常說「省比賺來得快」，所以刪除不必要的支出不夠，更要用方法讓財務的調度更靈活，同時也可將省下來的經費放在更有效益的需求上。

中央各部會的預算項目洋洋灑灑，郭翡玉副主委從前經建會到國發會已有三十幾年的審議公共建設及政府預算的經驗，我請她召集同仁仔細盤點，將各部會與推動地方創生相關的計畫全部列舉出來，不論是提升生活機能、便利行動需要的公共運輸、還是對文化歷史的保存、環境的維護等，只要可以和地方創生的宗旨沾上邊的就先撈出來，整理之後我們發現十二個部會三十七項的施政計畫與地方創生相關，其中十七項是可以直接帶動地方的產業或創造就業機會，二十項是可以提升城鎮機能的配套計畫，總經費高達三十多億元，如果可以和地方創生的整合計畫相結合，一定可以發揮最大的效益，也就是沒有地方創生預算科目之名，卻有地方創生計畫執行之實。這不就是雙贏的真正意涵嗎？

如果我們攤開各級政府的預算書，認真的檢視，一定會發現預算的項目及金額有許多是重複、錯置及浪費的地方。這也是一個存在已久的結構性問題，零基預算主計總處喊了多少年，根本只是口號，未曾真正落實過。

第五支箭：建立品牌行銷國際

被譽為台灣品牌先生的施振榮董事長是為台灣打造第一個國際級資訊品牌的科技大老，他一再呼籲台灣產業升級的關鍵之鑰，就在於創造國際級品牌。

台灣很小，國際品牌建立本不是易事，加上國人善於模仿、抄襲，導致城鄉特色無法彰顯，我常說台灣的夜市、老街走到哪都一樣，賣的東西也大同小異，台灣的文創商品亦復如是。所以，建立品牌，有助於提升產品的價值與經濟效益，而鄉鎮如果有了品牌的共識與加持，就能對消費者圈粉，也能進一步和其他鄉鎮做區隔，產出屬於自己獨一無二的限量版，讓大家看到。

台灣全球品牌協會創會理事長陳春山教授是我多年好友，我曾和他合作成立台灣第一個公益信託，多年後他已跨出法律圈，並以他在公司法制的專長，投入許多和社會企業責任、影響力投資相關的工作。我接任國發會主委後才知道他創立了「台灣全球品牌協會」，並從二〇一八年起舉辦「城鎮品牌獎」的選拔，我也受邀擔任頒獎人，看到許多鄉鎮的努力，感到非常的欣慰，而我熟悉的台南官田與後壁也都曾獲獎，與有榮焉。陳理事長特別跟我提及，希望品牌協會可以和國發會合作一起推動地方創生，創造地域及產品的全球品牌。能夠有全球品牌協會的加持及加值，地方創生第五支箭應射對了靶。陳理事長於日前卸任，接棒的崇越科技集團總裁郭智輝理事長長期關注地方創生，相信這股力量一定會持續的。

三個核心價值、五支箭外，還有哪些配套措施？

TESAS 地方創生資料庫

我們常說工欲善其事，必先利其器。數位經濟時代成功的關鍵是什麼？資料！數據！

不只民間為了商機要掌握數據，公部門要有好的治理也不能沒有數據，經濟合作暨發展組織（Organization for Economic Cooperation and Development, OECD）報告明確指出，數據可以驅動創新，未來數據掌握的多寡象徵一個國家未來的競爭力。

地方創生計畫已納入在地居民的思維，仍需輔以基本的數據資料才能有效完成務實計畫的提出。因此，建置資料庫是非常必要且迫切的。

地方創生元年，國發會完成了地方創生資料庫（Taiwan Economic Society Analysis System, TESAS），利用依《政府資訊公開法》所公布的基礎統計資料加以建置。這是最最基礎的底層資料，但存在許多的缺陷。為什麼？因為我們的統計資料發布是主管機關依照過去的慣例及自己業務的需求定期公布，換句話說，所有的資料並沒有辦法對齊完整，例如財務資料可能跟人口資料有一個月的落差或甚至更多。加上這些資料都是「硬資料」（hard data），而非即時資料（real time data），與現在智慧數位下的即時資料從 dash board 就可以一目了然，顯然 TESAS 資料庫已經落伍了。

地方創生二年，在我離開國發會前已編了預算要用協作方式進行資料庫的優化，但後來好像沒有看到進度及執行成果。

台灣已有相當多優秀的新創數據公司，未來這個資料庫如果要發揮功能就必須盡速調整，以即時的動態資料取代落差的統計資料。

高教深耕計畫與大學社會責任

高教深耕計畫，是教育部二〇一八年提出，以五年為一期的高教、技職體系整合性補助計畫。計畫主軸為「連結在地、接軌國際及迎向未來」，目標願景則是「發展大學多元特色，培育新世代優質人才」。這個計畫雖然也是競爭型的補助計畫，但有別於過去的頂尖大學、教學卓越或典範科技計畫，終於看到以「在地連結」與「人才培育」為核心鼓勵提出大學社會責任實踐計畫（University Social Responsibility, USR），和地方創生「以人為本，從在地需求出發」的核心內容相符。台灣開放大學設立後，偏鄉也有大學，如果可以讓大學走出象牙塔，讓大學生認識學習所在地的風土與人文，帶動地方產業的發展，畢業後就有可能留鄉或找到第二故鄉，確實會是地方創生政策推動的助力。但我也擔心受限於過去的慣性，老師們申請計畫拿補助已是既定的模式，難免變成「借殼上市」或「掛羊頭賣狗肉」，因此，我誠懇的提出呼籲，不能為地方創生而地方創生，必須有創新思維、正確做法，否則仍會事倍功半，甚或徒勞無功。

感謝教育部特別在台北科技大學召集全體大學辦了一場說明會，包括我的母校政大校長郭明政在內的許多校長都親自與會，並提出許多配套的意見，令人印象深刻。我親自向與會者說明外，也一再強調，我們所需要的是接地氣的實作案例，而不是寫研究計畫的比賽。在《遠見》雜誌舉辦的ＵＳＲ評審中，像二〇二一年第二屆ＵＳＲ在地共融組首獎修平大學的「農業地方創生系統」與台北市立大學的活躍老化運動學院，都是值得推薦的案例。這些實踐的案例，也帶動了地方意識，成為產業，吸引年輕創業家留鄉，這是令人振奮的。

二〇一九年十一月底教育部在高雄國際會議廳舉辦ＵＳＲ嘉年華博覽會，主題為「愛在地方，夢想起飛」。這個專案計畫，由成功大學負責執行，計畫總主持人是郭耀煌教授，教育部潘文忠部長親臨主持，除了開幕，我和甘樂文創的林峻丞及義守大學校長陳振遠共同擔綱在一場專題討論發表意見及座談。當天展出的攤位非常踴躍，我花了一個早上的時間逐攤拜訪，也互相交換心得。

社區總體營造也曾經鼓勵大學走出校園，深入社區，台南後壁土溝美術館的案例一直為人津津樂道，然而曾幾何時，計畫結束了，老師學生都走了，留下的不過是凋零的打卡景點。我期待地方創生可以透過ＵＳＲ真正的帶給地方活力與生命力，更重要的是永續，是把人留下來。

除了核心主軸、執行策略及配套措施外，政策推動難免會有概念上的模糊待釐清，以下就是我認為應該說明之處。

地方創生是「新瓶裝舊酒」嗎？

立法院紅樓第一會議室經濟委員會的場景及立法委員咄咄逼人的質詢，我已習以為常。當地方創生計畫在委員會第一次進行報告時，委員關心的是「編多少預算」、「如何申請」及「請照顧我的選區」，或者開始批評計畫是「新瓶裝舊酒」、「無法解決城鄉落差」等負面意見。

我斬釘截鐵回答，地方創生國家戰略計畫是為解決台灣人口少子女與高齡兩極化、發展不均衡的新計畫，絕對是「新瓶裝新酒」。我一向認為，政務官必須對政策負責，決策的過程也必須公開透明，最後用執行力說服監督者。

過去政府推動很多政策，像一鄉一產業、農村再生、社區總體營造等等，都是為解決地方問題，在當時的時空環境下因應而生，政府投入相當龐大的預算，所達成的任務與績效固不能否認，惟眼前的事實就是台灣人口過度集中於北部的幾個城市、人口結構兩極化、頭重腳輕、中風傾斜，整體的發展不均衡。要解決當前的問題，不能頭痛醫頭、腳痛醫腳，我們所研擬的國安層級的戰略計畫絕不是政策包裝，更不是花拳繡腿，當然是「新瓶新酒」扎扎實實的行動計畫，才能對後代子孫交代。

至於立法委員的質疑，歸納一下，需和地方創生疏清的有「社區總體營造」、「農村再生」及「一鄉一產業」等政策。

地方創生 VS. 社區總體營造

「社區總體營造」是一九九四年文化建設委員會主任委員申學庸所提出。它的核心內容是藉由社區居民的觀點，由下而上，參與文化性的公共事務，培育社造人才，改造地方的環境及開啟公民意識與審議的功能。這個計畫在行政院謝長廷院長任內雖曾重新調整為「六星計畫」，但基本上國內已有大批的城鄉發展領域的學者及社運人士投入地方的公共事務與環境景觀的改造，社區總體營造在台灣，已不是個陌生的名詞。轉眼從中央到地方投入資源推動已超過四分之一個世紀。「社區總體營造 2.0」在前任文化部鄭麗君部長任內曾聞樓梯響，但未見人下來。

二十五年過去了，偏鄉、社區意識抬頭了，數百個社區發展協會組織也建置了，但台灣的人口結構硬生生的來到了「懸崖邊緣」，三分之二以上縣市人口外流，足見徒有景觀環境的改善，社區居民參與公共事務，仍未能解此困境。我們要家鄉人口不外流、回流，只有靠經濟的振興，提供就業機會，才有生計，才能生活，地方才有生機。因此，地方創生是用新的思維、方法解決地方面臨的人口與發展瓶頸。地方創生和社區總體營造不論政策目標、操作的方法及帶領的主角都有很大的差異，不可同日而語。

地方創生VS. 農村再生

為了解決農村人口老化及發展台灣農業，特別是在第一次政黨輪替後一直和政治難捨難離的農民選票問題，每隔一陣子就有新的農業政策產生。如果撇開選票，所要解決的問題不外增加農民收益及鼓勵年輕人從農，減少農村老化速度。

農村再生計畫源起於陳水扁總統任期結束前的發想，完成立法啟動已是馬總統上任之後，設置總金額超過千億台幣的基金預算。政策說明是這樣的：「農村再生主要以『由下而上』、『計畫導向』、『社區自主』、『軟硬兼施』為指導原則，輔導社區居民當家作主，共同參與，透過培根課程，凝聚共識，自主研擬農村再生

計畫，打造自己家園及創造農村再生契機。」（詳見農委會網站）

十五年過去了，頒發了不少百萬青農獎、神農獎、各式各樣的獎項，培根計畫要求農民必須完成課程才能提計畫爭取預算。農民不會寫計畫，學者專家、顧問公司代辦，預算花了數百億，農村人口依舊未見起色，青年返鄉從農確有成功的案例，但鳳毛麟角，老農持續凋零，留下的是彩繪農村一些突兀的景觀，更沒有看見後續的維護。

地方創生要找出城鄉的產業ＤＮＡ，農業是其中之一，但不是唯一。即使要發展農業，也要翻轉現在農業的困境，要用智慧化、數位化及組織企業化的經營模式。作物的選擇不能一窩蜂，更不能看好就跟進，忽略產銷的掌控。蛋塔效應在台灣農業似乎永遠無解，與其等待政府的補貼，不如有自己一個完整的微笑曲線，從生產、製造、加工、行銷、設計、通路到品牌完整建立，才能有永續發展的利基。

所以，農村再生與地方創生雖然都是由下而上的計畫，都是尊重社區的意識，但我們不需要寫洋洋灑灑、漂亮印刷的計畫書，更不必強迫受教，振興農業的方法也不相同。對於農業為主的鄉鎮，創生的做法也迥然不同。

地方創生VS.一鄉一產業

台灣歷史發展中有一段「你有我也要有」的階段，那時候政府很會喊一鄉一停車場、一鄉一游泳池、一區一運動中心、一里一活動中心、文化中心、圖書館等等，五花八門、琳琅滿目，令人目不暇給，「一鄉一產業」也是相同的產物。

我剛到台南服務時，時值縣市合併，為釐清財務責任，我們開始盤點資產，三十七個行政區、七百五十二個里，停車場、游泳池多半是閒置的，活動中心多到爆，里長、議員還在爭取蓋里民活動中心，真讓我這個從中央到地方的公務員瞠目結舌。

當時候看到的一鄉一產業，就是原台南縣每個鄉鎮每年舉辦以當地農產品為主的「〇〇節」，例如蓮花節、胡麻節、鳳梨節、芒果節、竹筍節、釋迦節等等，台南物產豐饒，確實有許多很棒的農產值得推廣。但這種活動多半是一天，找個場地辦理市集促銷、社區媽媽來跳個土風舞、小朋友來個打鼓或地方特色的表演，熱鬧之後呢？就是一天的活動。加上大家都要搶辦，市府必須編列預算支應，切割運用的結果，居民抱怨經費不足、主計單位核銷繁複，也達不到縣市合併的效益，更談不上對人口不外流、期待人口回流有任何的誘因。

這個從當初省府時代就開始推動的一鄉一產業，在賴清德市長的指示下，除了農產品的促銷，也結合當地文化歷史的元素和觀光景點重新規劃，甚至跨區整併，經費預算不再碎片化，兼顧行政成本及效益，才看到改變。

儘管如此，它仍然無法解決人口及發展不均衡的問題，關鍵在整個計畫的出發點是推廣行銷農產品，所以農村繼續老化，人口繼續外流，當然不是「地方創生」。

地方創生不可再走錯路

當賴院長在年終記者會宣布為台灣的整體發展要推動地方創生後，我的行程就開始密集且有計畫的到地方走動。雖然之前曾為離島基金及花東基金的需要而前往離島及花東地區，但目的與目標不同。

我和國發會同仁當初的想法是，計畫策略尚在研議時，我們開始「擾動地方」做政策溝通，並蒐集、盤點地方的資料。所以走踏地方的目的不是在說服民眾接受我們的規劃初稿，而是聆聽地方的聲音，讓政策的內容更具可執行性。

我常被問到一個問題是，這個計畫何時開始？何時結束？是幾年的計畫？我的答案是：這項國家戰略高度的計畫沒有既定的期程，它會依循地方的需要，隨著環境及社會的轉變，不斷滾動的檢討、修正，再前進。換言之，它追求的是SDGs的永續發展指標，必須二十二個縣市手牽手一起向前走。

● 地方創生不等於觀光旅遊

地方創生不就是觀光嗎？不就是要帶動消費人口嗎？來到中部的一個城鎮，鄉長帶著在地大學教授跟我們做簡報。簡報的老師很有自信的說，已經著手地方創生工作許多年（當時我們還未啟動），計畫依照一年四季，每一季舉辦大型活動，活動的名稱就仿日本稱為「○○祭」，吸引觀光人潮帶動地方消費。

我沒有澆冷水，但我想問：這些大型活動和當地有什麼連結？是文化活動？祭典？還是為活動而活動刻意造作出來的？如果是煙火式的活動，帶來人潮同時，也會帶來環境的破壞（垃圾、噪音）、交通的成本（壅塞），商家或許有收益，當地的其他居民呢？人潮會帶回這個城鎮的什麼印象？他會再來嗎？

地方創生不等於觀光旅遊，但地方創生可以為體驗旅遊、體驗教育帶來附加價值。甘樂文創的三峽產業的帶路趣、汪汪地瓜園的食農教育與洄遊吧的食魚教育體驗、太巴塱部落的生態體驗、飛雀餐桌的古早味食材饗宴等等，才是地方創生的本質。

● 產業 DNA 不僅是農業

認識自己的家鄉，找出自己的優勢與劣勢，是啟動地方創生的前置基礎工作。台灣人口流失的城鄉雖然多數以農業為主，但不表示地方創生的產業 DNA 就是「農業」。雲林虎尾的毛巾產業、竹北是新竹科學園區的中介城市要的是商業的生活機能、台南新營是原縣治行政中心可以實驗全人教育為創造就業人口的核心、基隆可以為遊輪旅客打造台灣精品的新型態委託行聚落等。

台灣的農業多是小農，二十二個縣市、三百六十八個鄉鎮市區，每一個城鎮都要以農業為發展的產業根本不可行，就算找不到既有的產業 DNA，也可以像日本神山町那樣，打造一個數位新城，創造新的DNA。

● 強化軟體，整合系統、軟硬兼施

「蚊子館」一直是政府的負面形象，活化蚊子館也是政府責無旁貸的工作，但這個議題好像陰魂不散，而且惡性循環。政府不斷的編預算活化閒置空間，也一再的花大筆預算再製造蚊子館。這讓姚瑞中教授可以源源不斷的出版《海市蜃樓：台灣閒置公共設施抽樣踏查》厚厚好幾本的書，為什麼不能喚醒公部門的良知呢？

為了終結蚊子館必須有破釜沉舟的決心，非不能也，是不為也。地方創生計畫提出時，我受到的質疑之一也是沒有編列硬體建設的經費，讓某些民意代表非常的不滿。

地方創生的核心，在找出合適的產業，振興地方經濟，創造就業人口，讓人口回流、不外流，所以，地方創生絕不可以成為硬體蚊子建設的幫兇，地方創生要強化軟體、系統整合，軟硬兼施。

擾動地方成為顯學之後

過去兩年多，台灣出版有關地方創生的書籍，包括翻譯及原創不下二十本，國外案例也不侷限於日本，例如《地方創生最前線》說的是跨越歐亞七個國家八個區域的特色故事、《巷弄經濟學》講的是韓國的地方創生故事、游智維的《鄉下創業學》講的是二十七個日本和台灣的案例觀察。當然還有許多可以做為教科書的概念書籍，像洪震宇榮獲金鼎獎的《風土經濟學》、台灣零售大師徐重仁的《走舊路，到不了新地方》、林承毅的《二地居》、天空的院子主人何培鈞的《你想活出怎樣的小鎮》以及日本大師木下齊、山崎亮等等的著作。

看到如雨後春筍般出版的書籍，我的心是踏實的。當我走進書店，有關地方創生的書置放在顯眼處，我的心是雀躍的。當我走到新營民治路上的曬書店、新竹市大同路的文史書房，看到地方創生書籍是設有專區的，我的心告訴我「美伶姐，只要走在正確的道路上，妳是不會孤獨的。」我熱切的期盼，正確的地方創生之路，有朝一日可以成為台灣的全民運動，讓台灣不再有偏鄉。

美伶姊的地方創生奇幻旅程

第二部

我們的故事——地方創生進行式

台灣的地方創生必須以永續為目標、不要設定ＫＰＩ、也不應該有期程。我們需要行動力、需要耐心，努力向前行。所有的地方創生故事都是進行式，沒有人可以在這個階段定義成功或失敗，只能穩步的向前進，形成一個「共學」、「共享」與「共創」的機制。走過每個地方，看到的是生命力與活力，看到的是團隊們對這片土地深厚的使命感與堅持的決心，這就是台灣，美好的、感動的故事正在進行中，你我都是舞台上的主角，一起做最好的演出！耶！

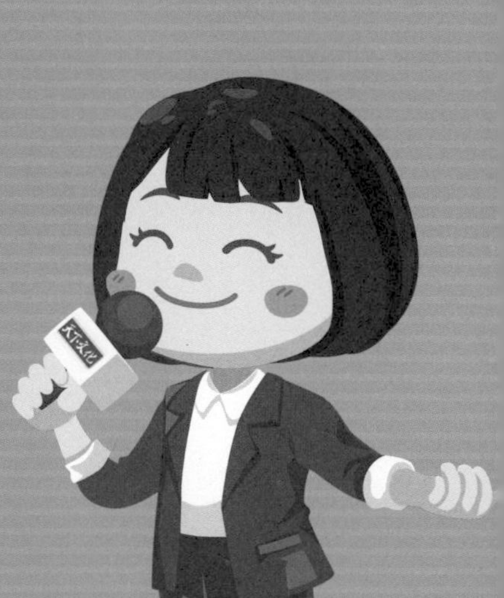

圖 / Shutterstock.com

基隆／

用地方創生逆轉離鄉路

作為台灣本島最北的門戶，基隆過去總給人多雨、老舊的印象。在媒體所做的城市競爭力或地方首長滿意度排名調查，在現任市長林右昌就任前，幾乎都是敬陪末座，市民普遍欠缺光榮感與認同感。

我認識在台北工作的基隆子弟，常聽他們提到「回基隆」這個關鍵詞。「你這週末回不回基隆？」「今晚有事，要晚點才回基隆」。許多基隆小孩，可能從高中或大學開始，就在台北求學，又或者遲至出社會，仍會離開基隆。對在基隆出生的孩子來說，成長彷彿是一條離鄉的單行道。正因如此，基隆連續多年蟬連全台「跨縣市工作比例」最高的城市，年輕人都到台北工作，「回基隆」就是過夜睡覺或探望長輩。

但這幾年，基隆改變了，有人開始盤點資源與城市特色，也有一些亮眼的都市建設，像是正濱漁港的彩虹屋，光憑一張照片，就翻轉了很多人對基隆的印象，對造訪基隆產生興趣。

無論是工作機會或在地交通問題，都需要長期投入耕耘。但基隆已經有一群年輕人與在地耆老，開始努力做一些有別以往的事，再加上公部門的努力，或許有一天，基隆人口中的「回基隆」，會成為一條真的可以返鄉「安身立命」的道路。

委託行再生——從時代記憶尋覓新方向

一九六〇到一九八〇年代，是台灣委託行最輝煌的時期。委託行前身是估衣店，接受剛從港口下船的美國大兵委託，寄賣二手衣與各式用品。船來了，船員把要賣的衣服一層層穿在身上夾帶出來，委託行老闆們紛紛到港口取貨。商船也會委託出售絲襪、菸斗、洋裝、洋酒等洋貨，委託行可以說是解嚴前台灣人接觸異國文化及舶來品的重要窗口，在最興盛的時候，基隆委託行曾多達兩、三百家。

說起委託行，對許多台灣人來說，都會喚起一些生命經驗裡的情

感連結。小時候來自後山的我們，常聽長輩婆婆媽媽說要到基隆的委託行尋寶，因為可以買到舶來品，或叫做高檔商品。

但自從台灣一九七九年開放出國觀光、一九九〇年申請加入WTO，進口商品處處可見，基隆委託行已不見往日的榮景，聚落不再，一棟棟房子都鐵門深鎖。目前僅存寥寥數家，而且多半是老闆們等著老朋友串門子的空間，早已失去商業上的活力。

過去兩年，幾次拜訪基隆，車子穿過大業隧道下交流道，遼闊的基隆港映入眼簾的畫面，令人印象深刻。年輕的基隆市議員童子瑋，帶我走進孝一路二十三巷，這裡是過去風靡全台的「委託行一條街」，童子瑋把服務處設在這裡，就是要從委託行開始，復興基隆在地文化。

童子瑋是道地的基隆小孩，他說從小仁愛市場、崁仔頂、慶安宮一帶，就是他成長的生活圈。有感於家鄉青年外移、產業沒落，二〇一七年，童子瑋與在地青年共組了「夢想起飛協進會」，要把委託行街區打造成基隆青年的文創基地。

重整過後的街區，整齊明亮，童子瑋說，這樣的店面很適合經營文創產業或作為個人工作室，而且租金只有台北的一半，目的就是為了鼓勵年輕人回基隆創業。

目前委託行商圈及周邊不僅多了居酒屋與咖啡店，還有一家專賣創意刈包搭配在地精釀啤酒的餐廳「刈堡BAO」。這裡每逢假日，會定期舉辦假日市集，並不時有音樂演出、義剪、手作商品和舊物販售等主題活動，讓沉靜的街區開始展露生氣。

郵輪母港翻轉委託行復興的契機

看到基隆青年活化委託行的創意與活力，也讓我們思考基隆新的機會與可能。如今，基隆港是台灣的郵輪母港，常有許多郵輪停靠，疫情之前，每年帶來近百萬的人次。這些遊客下了船之後，就被遊覽車直接載往台北市或新北市旅遊，很少有遊客在此停留，非常可惜。如果委託行可以翻轉思維，從過去的舶來品據點，轉型為台灣精品的採購站，展售全台灣的特色精品，讓下船的遊客在離港前，能夠一站式購足台灣好物，不僅有望帶動商機、創造就業機會，更能為委託行創造新的定位。

在一群青年與在地人的努力下，我們看見委託行以新的形式，重現生機，未來的可能性，更加令人期待。

老漁村八斗子的文化復興之路

提及八斗子，一般民眾有印象的可能是國立海洋科技博物館（簡稱海科館）、以飛天掃帚藝術裝置聞名的潮境公園、忘憂谷，或者生猛的新鮮魚貨。

然而，作為歷史悠久的漁村，八斗子最寶貴的是她深厚的漁村文化底蘊，可惜隨著產業的老化，漁村文化正快速凋零中，眼見上一代捕魚打拚的痕跡逐漸淡薄，世代間將出現文化與記憶的斷層，加上人口的移出，這個城鎮留下來的就是老舊與安靜。

二〇二〇年，盛夏的七月天，教育部的地方創生規劃師歐陽瑞蓮等人（後來更名為協力師）邀請我來到八斗子進行交流，當天來了數十位的當地耆老、移居第二代與回鄉的年輕人，熱烈發表各自對八斗子未來的想像，但感覺非常難聚焦。討論之外，當然要走出去實地感受城鎮的風景。其中印象最深刻的一幕，是世居在八斗子的耆老（其實他並不老且身體健壯）陳良輔先生，站在他的老家前舉起一幅畫，畫中是他兒時的漁港全景，也就是我們當時佇立的同一個位置望出去的海景，然而當下畫中的海景早已不復見，取代的是一片未整體規劃的水泥建築物。

陳良輔分享他關於海的回憶說道：「記得小時候，每到冬天，在固定的時間點，北火發電廠鍋爐的出水口，就會排放溫熱的冷卻用水，周遭的海域變得溫暖，這時候孩子們就會抓緊時間，下水玩耍。」陳良輔拿出海灘的舊照，只見兒時嬉戲的沙灘，已填平興建為海科館，記憶中孩子們的「溫水游泳池」，封存在老照片與耆老們的口述歷史中，舊時漁村風光已一去不復返。

而八斗子漁港一側的秘境，雖有美麗的海景與天然的礁石奇觀，但因事權的不統一，成為一個三不管的地帶，非常可惜，期待公部門可以有決心的解決地方面對的沉痾。

一窩蜂的追求硬體建設，終究要付出代價

海科館是八斗子近二十年來的重大建設，從一期到二期，陸續興建了數棟建築物。緣起是因為屏東有國立海洋生物博物館（簡稱海生館），可以吸引大量的遊客造訪，位在北部的基隆也想要有，於是地方人士向中央一再爭取，也獲得支持而蓋了海科館。在地人對海科館抱有很高的期待，但海科館的主管機關是教育部，任務是海洋科學教育的推廣，策展偏向靜態，使用率偏低。教育場域的商業使用也受到限制，形同閒置。於是地方又啟建議，希望可以再蓋一座水族館。所幸，水族館啟動興建後，因為受弊案牽連而解約。如今，解約後閒置的基地，成為一座類生態池，是鳥類及各種生物棲息的天堂，吸引不少對環境關心的人士前來賞鳥及研究，對在地居民而言，這個結果或許是因禍得福。

原來海科館的利用率偏低，很多人會問，位於海科館不遠，後來居上的潮境公園，是年輕人喜歡的打卡景點，假日人潮滿滿，難道不能將遊客吸引到海科館參觀嗎？答案是，離開潮境公園後，路線的方便性是直接搭車回家，要繞進海科館參觀，需仰賴不斷舉辦活動將人潮帶入。這種為了聚集人氣而舉辦的一次性活動，難以累積能量，也不容易轉變成自發性的常態活動，當然就很難內化成為地方真正的吸引力。

從這個案例我們不難發現，面對空間利用率低的困境所採取的解方，多數人並非思索該如何透過軟體讓空間活絡起來，或透過減法讓成本得以降低，反倒是不斷的用加法再蓋可能是新蚊子館的場館。或許在三、四十年前我們迫切期待成為已開發的進步國家，硬體建設還有正當性，但現在的台灣已躋身已開發國家之林，我們是否應該反思，不要再用雞生蛋、還是蛋生雞的謬誤引導政策，而要從盤點清楚自己的優勢與劣勢後，用需求驅動供給，做對地方發展最有利且最正確的決定。

八斗子擁有豐富的海洋文化及漁港生態，以天然的美麗海景、特殊的咕咾石屋為傲，如果要讓八斗子風華再現，我們應該致力保留屬於漁村的既有生態與人文歷史，維護舊有的特色建築以及記錄過去漁民的生活方式。在那次討論會中我已感受到當地居民對城鎮未來發展的關切度非常高，年輕人如陳良輔的公子也著手接棒文化解說與導覽，這是一個很好的開始。

未來，八斗子可以重新盤點地方資源和特色，試著探索如何產生商業模式、在地方創造就業機會。這當中一定會面臨許多困難，請上一代放手給年輕團隊用創新的方法一同面對挑戰，除了教育部的規劃師之外，像是位於不遠處的國立台灣海洋大學，也可以透過大學社會實踐計畫（USR）及文化部國家文化記憶庫計畫，攜手地方長輩共同協力，在八斗子進行田野調查、地方鏈結、文史保存與共識凝聚。

相信在經過更深入的地方盤點，並與社區達成共識後，八斗子未來在地方創生上發光發熱，將指日可待。

奇岩與古城的奇幻地質島——和平島

位於基隆港東北方的和平島，以台灣第一座跨海大橋「和平橋」與台灣本島相連。走在和平島公園裡，欣賞海岸上的奇岩怪石，天然的造型岩石被自稱「島工」的導覽員與小編們分為「海族」的海兔、彈塗魚、海豹與鱷魚，與「陸族」的山豬、人面獅身、金剛與花豹。逗趣的導覽與詮釋，為美麗的天然海景，增添了童趣與傳奇性。

而在近四百多年前，和平島也是外國人認識台灣的第一站。十七世紀，荷蘭人與西班牙人先後來台建立熱蘭遮城及聖薩爾瓦多城，在和平島上的聖薩爾瓦多城，與台南的熱蘭遮城遙遙相對。近年來，清大人類學研究所與西班牙學者，共同在和平島台船造船廠的地底下，挖出荷西時期諸聖教堂的考古遺址，有機會成為和平島的特色DNA。

和平島目前隸屬交通部東北角國家風景管理處管轄，並將其委外給黃偉傑的協會與他的夥伴們經營。這個團隊的成員大多是基隆在地人，分別擁有環境教育、觀光旅遊、海洋產學教育等背景。這是一個極具想像力的團隊，島工們，除了重新詮釋海洋的故事，近期也開始串連地方不同資源，規劃創新的交通方式，讓造訪基隆的遊客，可以從基隆港搭船直接登岸和平島，提供民眾特別的海洋文化體驗。

台灣四面環海，是個海洋國家，但是台灣人的親水性不高，和平島正是一個讓人能自在親水的體驗空間，和平島也因此成為許多基隆小孩親近海洋的第一站。阿傑的團隊對自己家鄉的熱情與熱誠，加上創新的思維，廣納各種支援系統，我有絕對真心相信基隆的地方創生就從和平島開始。

總結基隆市目前啟動的地方創生計畫，無論是委託行、八斗子或和平島，正各自在萌芽、茁壯及發展中，在這當中如果希望加快腳步，還需要一個整合的力量才容易推動，這正是公部門角色得以發揮的空間。我們期待著。

THE CAN
食堂
KOUJI
ESTAURANT

新北

一座城市，N 種可能

全國最多人口的城市

新北市是一個多元的城市，一時很難用單一的意象或區域特徵，快速勾勒出這個城市的輪廓。單就人口分布來說，新北市有板橋、新莊、三重與中和、永和等人口密集的都會區，同時也有人口不斷流失的平溪、石門、三芝、石碇等偏鄉城鎮。從人口組成來看，新北市聚集從台灣各地遷徙至大台北地區工作或定居的人們，有人初來乍到、有人在此定居已過三代。

再就發展狀況而言，新北市可以說是台灣社會的縮影。有山、有海、有河、有農地茶園、有老街、有工業區，也有科技園區。

檢視全國二十二個縣市的人口數，新北市高居第一，近五年人數仍在成長。新北市的人口數量，並非患不足，而是患不均，人口精華區集中於淡水河、新店溪左岸鄰近台北市的腹地，相較之下，山海城鎮在面對人口危機的隱憂下，該如何找到各地的多元特色與DNA，以達到區域均衡發展目標，是新北市地方創生面臨的挑戰。在這當中，像平溪、金山與三峽等各地，已經發展出許多值得參考的地方創生案例。

祈福及礦場歷史保護的城鎮——平溪

平溪天燈升空的畫面，震撼感人，曾代表台灣躍上國際媒體，每年為平溪帶進數百萬的觀光人次。但在此同時，平溪卻仍連續三年，蟬聯全新北市人口數最少、逐年下滑比例最高的區域，我不禁開始深思，平溪的天燈產業與地方創生之路，遇見了什麼樣的困境？

平溪有三個聚落：菁桐、十分和新平溪。基福（基隆到福隆）高架公路完工後，大家可以快速的從基隆與各地抵達平溪。但在這高架道路興建之後，對外交通效率提升，卻也在平溪的內部畫上一刀，將其一分為二切割開來，不利於平溪內部的往來及整合。以菁桐、新平溪和十分老街三個景點來說，三者之間的交通非常不便，遊客即使來到了平溪，通常只選擇一個景點前往，放個天燈、吃吃老街的香腸與豬血糕，便離開了，停留時間不到三個小時，也通常不會再造訪平溪區的其他景點。

根據統計，來台外國人拜訪平溪的比例並不低，但因為停留時間短暫，在當地的消費與經濟貢獻相當有限，這是非常可惜的事。所以我們必須思考，一個削價競爭到一百五十元的傳統天燈，如何增加其文化感受的深度，從文化底蘊延伸創新，讓在地年輕人不只做「代客放天燈」的生意，還能有其他創新延伸與選擇；老人家也不只是騎車、冒著生命危險，去山上、樹梢撿回一個八塊錢的天燈殘骸底座進行回收。

我們應該將平溪定義為「祈福的城鎮」，而不再只是一個憑著一張放天燈照片走紅的城鎮。如果能透過文創設計與創新，發揮文化潛力，才能真正創造就業機會，讓年輕人返鄉後也有路可走。

以永續天燈守護環境

二〇二〇年的元宵夜，我與新北市市長侯友宜先生，在平溪共同試放環保創新的永續天燈，為國民的平安祈福。夜空裡，眾人誠摯的在天燈上寫下心願，一百五十個環保永續天燈同時冉冉上升，燈火熒熒點亮星空。

抬頭望向夜空，一百五十個天燈在上升三百多公尺處，全部燃燒殆盡，不留下一點垃圾，主持人開心的宣布：永續天燈試放成功！

「永續天燈」，是由年輕的文化保存團隊「文化銀行」透過群眾募資開發而成的創新天燈。傳統天燈底座以竹框、鐵絲與電線膠布製成，燃料燒盡後燈體會墜落，需由專人回收底座和未燒盡的燈紙。而永續天燈，則擁有專利設計的紙漿底座，上升到三百多公尺左右，整個天燈會在空中燃燒殆盡，毋須人工回收。

「永續天燈」的發明，讓我們看到平溪天燈產業的新可能性。平溪是一個「祈福的城鎮」，而不只是一個「放天燈的城鎮」，需要透過文創設計與創新，提煉出更多元豐富的文化內涵，才能提高產業價值，進而帶來人口的回流。以永續天燈來說，便是以科技導入，解決環境上的問題，一個永續天燈售價三百五十元，比傳統天燈貴上兩百元，但卻能買到友善環境的價值與意義。

走進時光裡的黑金歲月——新平溪煤礦博物館

在一個微涼的秋日裡，拜訪「新平溪煤礦博物館」，礦業二代龔俊逸先生熱情的接待我們。承襲父志，致力於礦業文化保存，龔俊逸告訴我們，來到博物館，一定要體驗大名鼎鼎的運煤車「獨眼小僧」。通體鮮黃、擁有一隻大眼睛的「獨眼小僧」，誕生在台鐵一九七〇年鐵路電氣化之前，是全台最早的電氣化火車頭，也是目前台灣唯一保存的礦車頭，在日本的鐵道迷界坐擁一票粉絲。

「獨眼小僧」載著我們緩緩的經過洗煤場、卸煤場等舊時礦工的工作空間，一路上聽著龔俊逸分享台灣的礦業故事。台灣的煤礦開採有百年歷史，在十大建設的年代撐起台灣的經濟起飛，直到二〇〇〇年最後一個礦坑關閉後，礦業在經濟意義裡成為歷史上的昨日，文化保存卻也開始萌芽。

龔俊逸家族的新平溪煤礦，在一九九七年停業之後仍保有採礦權，但是設施和器具卻因長期停工而年久失修，逐漸敗壞。經過龔俊逸與父親龔詠滄董事長的整理及改建，博物館於二〇〇一年正式開幕，成為少數的私人礦業博物館，賦予舊礦場嶄新的文化意義與價值，讓民眾有機會深入礦場，感受黑金歲月的榮景。

最讓我佩服的是，為了保留台灣完整的礦業史，龔俊逸對礦業進行了全面的盤點，不論是器物、空間、工作流程，甚至對新平溪、猴硐、菁桐各地的煤礦特性和差異都一清二楚。基於日治時期日人在台採礦的因緣，新平溪煤礦博物館與日本田川市石炭歷史博物館建立起連結與合作，彼此締約為友好館，並於二〇一九年年底，舉辦了「礦工回娘家－台日炭礦文化交流展－平溪地方創生」的交流活動。

活動上，來自全台各地的老礦工齊聚一堂。聽老礦工分享「入坑死一人，毋入死全家」、「飲乎死，卡贏死沒飲」等礦工舊時的順口溜，

可以感受到當年礦工們每天在生死之間掙扎的壓力與艱辛。

二〇二一年，儘管台日雙方在疫情期間無法會面，交流卻未止步。這一年適逢平溪線鐵道一百週年，新平溪煤礦博物館與田川市石炭歷史博物館「姊妹博物館」的情誼，也邁入第六年。因此，龔俊逸的團隊特別邀請石炭歷史博物館研究員福本寬，與十分國小的學生視訊交流，介紹田川市過去如何供應日本超過五成煤礦的歷史。小朋友與外國學者開心互動，透過國際交流，也瞭解家鄉文化的獨特與珍貴。

我曾造訪新平溪煤礦博物館三次，每次都有不同的體會，有文化深度的場域，在礦場主人的呵護下，就會不斷有美好的事物發生。我在龔董事長的身上看到他對土地、文化的熱情，他做的事是要讓台灣的礦業歷史更有深度，也連結國際而增加廣度，更要讓所有的參訪者感受到溫度。

平溪是一個祈福城鎮，它不該只是元宵節一天的「天燈節」，周遭通暢的道路更不該只為這一天而存在。菁桐聚落有鐵道文化、遺跡，也有聚集年輕人的文青小店，十分老街不能只賣其他夜市都有的食物，白天鐵軌上放天燈總少了那種溫暖的氛圍。平溪要創造關係人口，需要三個聚落的交通連通與整合，白天欣賞菁桐的幽靜，非常療癒，接著認識新平溪礦坑的故事、吃古早味的礦工便當，晚上星空下放天燈談心，欣賞夜空，看螢火蟲，祈福祝禱。平溪真的不僅只有天燈，還有更多歷史、產業與土地的傳奇，足以懷抱自信、面向全世界。

打造金山成為杜鵑花城與特色體驗農業場域

依山傍海的金山，除了老街、鴨肉、溫泉之外，還蘊含著許多精采的物產與不為人知的故事。

溫暖的春日時節，開車從金山往陽明山方向前行，循指標右轉進入六股村，就能看見一整片奼紫嫣紅的杜鵑花海。每到三月杜鵑花開的季節，台北人都會紛紛前往陽明山或台大校園欣賞杜鵑花，不過絕大多數人不知道，全台約有八至九成的杜鵑花，來自金山。

杜鵑花城不止台大、陽明山

金山一年當中有三、四個月的雨季，向來被視為發展觀光的劣勢，但也因為如此濕冷的條件，加上偏酸的土質，讓金山成為最適合杜鵑花生長的培育基地。一如薰衣草田成為北海道的觀光景點指標，既然金山坐擁全台最大杜鵑花生產地，何不把這裡打造成為台灣的杜鵑花城，讓遊客知道春天一到，就可以前來金山賞花？如此一來，杜鵑花對金山來說，就不只是「賣出去」的商品，而具備了「把人帶進來」的地方魅力。

透過實地拜訪金山，我發現這裡除了物產深具潛力，最寶貴的還是「關係人口」與在地的情誼。近年來，無論返鄉青年、移居者，甚至二地居的外來客，許多年輕人以各種形式，和在地建立長期而友善的互動，一同開展未來。這些寶貴的人與關係，可說是金山發展地方創生的最大資產。

親子攜手，觸摸土地的溫度——汪汪地瓜園

如果你來到金山老街上開幕不久的汪汪地瓜園產業故事館，你會像拜訪一個可以

「一次購足金山」的櫥窗。這裡除了可以買到自家商品台農五十七號地瓜薯片、地瓜薯條、地瓜葉香皂外，還有琳琅滿目的在地小農商品專區，方便遊客透過物產認識金山。

點上一杯熱騰騰的地瓜拿鐵和一片地瓜布丁蛋糕，這些都是地瓜農第三代的賴家華與烘焙師楊峻傑共同創新研發的產品。家華告訴我，在這個故事館裡，每個月都會舉辦在地的地方創生青年論壇，是在地關心故鄉發展的同道好友們聚會的場所。包括老街商圈的理事長蔡坤明、接手家中市場販售食品賦予創新的志明、則亨、東展、修復老屋的文史工作者及他的小學老師郭老師都是固定班底。汪汪地瓜園產業故事館，說的不只是自家地瓜園的故事，它其實就是金山地方創生故事彙集地。

賴家華回想起小時候地瓜對他來說，是每年有助家中「加薪」的作物。一到產季，小孩們下課後都得跟著爸媽挖地瓜，等著盤商來收貨，他的童年可以說是伴隨地瓜一同成長。

二〇一三年，年邁的父母對子女表示：「不想繼續種地瓜了！」這時候，捨不得阿公留下的地瓜園被放棄，任職科技業的賴家華，與兄姐三人決定返回金山接手家業。原本年薪破百萬的他，挽袖務農第一年的收入卻只有二十幾萬，產季過後，還得返回前東家兼職賺取外快養家。賴家華這才發現，不能再以原本的方式經營農業。

經過多年的轉型與努力，汪汪地瓜園從一級產業走向六級，除了創新研發各項地瓜周邊產品，更設計了一系列焢土窯、挖地瓜、地瓜種植、地瓜小學堂課程，讓孩子和大人都能親手觸碰土地，將親子互動體驗和企業

教育訓練課程，都帶進地瓜園。學校開學期間，他做校外教學的生意；寒暑假，他經營企業體驗與訓練課程，全年無休。

二〇二一年三月初在新竹市舉行的「台灣地域振興聯盟換帖春宴」活動，共有五十個團隊參與，每個團隊只有三分鐘的簡報時間。輪到家華時，他帥帥的站上台，只有一張小朋友在田裡挖地瓜的照片作為簡報。他輕描淡寫的說：「南部的地瓜平均一台斤二十元，金山的地瓜品質稍好，一台斤可以賣四十元。那如果一條地瓜要賣一百二十元，該怎麼做？」全場屏息，他頓了一下，訕訕的說：「烤熟就好了。」接下來他又問：「那如果每一個人要收一千二百元，要怎麼做？」接著他自問自答的說：「教他挖地瓜、學地瓜、焢窯烤地瓜就可以了。」語畢，全場掌聲，好屌！這就是年輕人的思維與創新，為自己找出路，建立新的商業模式。

人口分布的真實樣貌，聽數據說話

家華是個實踐家，也是一個願意為家鄉付出的返鄉青年。一路走來，他想的不只是自己的生意，還有整個金山地區的發展。他在擬定策略的過程中，進行了許多扎實的地方盤點。他說，在金山，想知道實際居住的人口數，看戶政機關的資料是不準的。

太多人口外移，戶籍在、但是人不在。為了取得真實資訊，他跑去向台電索取金山的用電資料——因為他知道，多少人真正在這裡生活，看用電數據不會錯。

善用數據來瞭解事實及規劃未來，是數位經濟時代應具備的基本條件。賴家華不僅串連在地青年投入地方創生，也獲得長輩們的支持，團結共好的力量。而這正是汪汪地瓜園一路前進的動力。

與蝙蝠共生的純淨天地——遠足生態農場

在賴家華的帶領下，我前往「金山的深山」，在接近金包里溪上游的地方，有個很貼近距離的名字叫做「遠足生態農場」，拜訪陳琬婷姐妹與她的蝙蝠們。剛滿三十歲的陳琬婷，和家人一起經營遠足生態農場，她給人的感覺和她的農場一樣，真誠、自然，帶著熱愛土地的衝勁。

陳琬婷是在台北市長大的孩子，卻選擇就讀農業相關科系，立志當個農夫。二〇一五年，她回到媽媽的故鄉——金山，背負貸款、扛起鋤頭，創業之路就此展開。

陳琬婷在七甲地的農場內，堅持不用農藥和除草劑，於是此地成為野生動物及保育類動物的天堂，有山羌、台灣藍鵲、白鼻心、山豬、蛙類棲息，還有兩百多隻「葉鼻蝠」出沒。

陳琬婷帶我們來到蝙蝠棲息的農舍，她說每年清明過後，這些葉鼻蝠都會從中南部飛來此地棲息，並繁衍下一代。陳琬婷笑說，這些蝙蝠是來「打工換宿」的，一個晚上就能吃掉九公斤害蟲。當時在空農舍發現葉鼻蝠棲息，從一開始的害怕到認識，陳琬婷和家人選擇不打擾牠們，每天僅利用蝙蝠出門覓食的幾小時整理農舍，也協助救援受傷的小蝙蝠。

即使地瓜的收成，經常被野生動物吃掉七成，陳琬婷仍堅持以友善環境的方式種植。她將碩果僅存的三成地瓜，從蝙蝠和水鹿各取一字，命名為「蝠祿地瓜」，為金山地瓜賦予不一樣的意涵，也讓消費者透過地瓜進一步熟悉農場的動物夥伴與生態。

陳琬婷姐妹悉心照顧的土地，成為許多大人小孩的生態教室。做農業，不只是出售食材，也傳遞了土地的價值與生命力，更是真的鄉土教育。

繽紛水田生態，讓候鳥安心過境——楊儒門的彩田米

大多數人認識的楊儒門，是為農業公平交易大聲疾呼的「白米炸彈客」。然而，較不為人所知的是，楊儒門現在每週抽空兩到三天，騎四十分鐘的機車來到金山，捲起袖子，致力於水梯田的復育。

二〇一五年，楊儒門為了潛水拜訪金山，後來發現此處是候鳥過境的重要棲地，於是和金山文史工作者郭慶霖、導演柯一正，開始推廣友善土地的水梯田復耕。楊儒門與農友契作，採用不施用人工肥料及農藥的友善耕作，以高於市面公定價的價格收購稻米，幫助土地與水源回歸純淨。

金山、萬里和石門共有四十三甲水稻田，如今已有超過半數、共計二十七甲田、三十八位農友與楊儒門的團隊合作。這種友善契作產出的稻米被稱為「彩田米」，意思是「恢復水田裡精采的生態」。

此外，楊儒門的團隊還推出「穀東」制度，只要「入穀」即可參加春分插秧及秋分收割的體驗活動。包括宏碁公司員工和鄰近的中角國小、三合國小，都是彩田米的

「穀東」。

彩田米除了直售，也成為金山友善環境的特產。汪汪地瓜園的家華便將彩田米結合金山在地食材，製作成「彩田便當」。

作為一個外地人，楊儒門勤於奔走金山，花時間向農民推廣說明，在他長期的陪伴下，建立起寶貴的信任關係，成為成功的基礎。

最近一次去金山，是在滂沱大雨中來到楊儒門的「農舍」（真正務農的地方），喝著他為我們準備的熱茶及地瓜點心。他的表情雖然柔和，但炯炯有神的目光，透露的是自信與幸福。我非常的開心看見金山的地方創生夥伴們，包括坵隱農場的廷宏、熊熊花圃坊的聖雄等，他們都立足友善環境，在共好、共學與互信的基礎上穩健前行，深深祝福他們。

澆灌故鄉的小草守護者——三峽甘樂文創

提及三峽，古色古香的祖師廟、熱鬧的老街及處處可見的金牛角店家是多數人的記憶。要對三峽有新層次的認識與感受不同的溫度，就一定要親自走訪「甘樂文創」，和峻丞聊聊。

用教育陪伴療癒地方的傷口

林峻丞是土生土長的三峽人，他於二〇〇五年重回家鄉，挽救面臨倒閉邊緣的家族肥皂廠。但返鄉時他發現當時的三峽有光明面也有陰暗面。許多三峽的孩子可能因為父母出外工作或母親是新住民，甚至父母入監服刑，而多屬隔代教養。長輩的溝通和管教方法，無法滿足及符合這個時代孩子們的需求。放學後的時間，對家庭功能不完整的孩子來說，成為容易被誘惑、或因無知而犯錯的時刻。峻丞說，到了夜晚時分，三峽美麗的山區就成為毒品犯罪的溫床，他甚至意外發現，三峽一度曾是新北地區吸毒人口密度最高的地方。於是，峻丞投入了高風險家庭孩子的教育與陪伴，盼從教育面著手，治癒地方最深的傷口。

二〇一五年，峻丞成立了「小草書屋」，和在地的國小、國中合作，由學校輔導室推薦需要幫助的孩子來書屋做功課及學習生活。傍晚時分，溫暖的燈光，伴隨孩子們晚餐前朗朗的謝詞：「感謝阿姨辛苦做飯，感謝老師，感謝志工，感謝爸爸媽媽。我會好好學習、我會快樂成長、我很幸福，開動。」不算豐盛的菜餚卻盛著滿滿的幸福。

五年過去，小草們長大了，進入國高中的「青草」階段，此時陸續面臨生涯規劃與職涯接軌問題。在此同時，三峽傳統的技藝與產業也面臨難以傳承的困境。孩子對未來感到迷惘，匠人苦於無人接班，三峽的兩個問題，意外成為彼此的答案。

二〇一九年，林峻丞租下廢棄的「愛隣醫院」，修整後成為「合習聚落」，串連木雕、皮革、金工等職人駐點，建構「青草職能學苑」，提供青草學員多元專業的課程及實作，發展一技之長，也讓可能失傳的寶貴技藝，有了薪火傳承的機會與表演的舞台。

二〇二一年三月中旬，峻丞傳來一則報喜的簡訊，原來書屋的孩子考上了台大。照片中的他，笑容中眼眶似乎噙著淚水。

老醫院裡的豆製所創造社會企業的商業模式，隨著黃豆飄香一整屋

我與郭翡玉副主委是在二〇一九年一月，一同拜訪「合習聚落」。在由愛隣醫院診間改造的工作室，看到「青草職能學苑」的年輕孩子，正在向老師傳學習木雕、皮雕，專注的眼神，下刀的細膩與俐落，完全沒有猶疑、膽怯。原本作為掛號與候診的

空間，已轉身成為「禾乃川國產豆製所」。「禾乃川」取自三峽的母親之河——「秀川」，這裡採用百分之百國產的非基改、無農藥大豆，結合社區家長及青少年的職能培育，每天早上現做高品質的豆腐、豆漿、豆花、豆皮等與大豆有關的產品，豆香瀰漫整個空間，雖然是下午時分，仍令人有喝一杯豆漿的衝動。

除了小草書屋，甘樂文創的起家厝，是一棟老屋改建的食堂。扶疏老樹下保留老屋的樣貌，利用當地食材製作的「良食手作定食」公益食堂創意料理、利用藍染布做成的傘及裝飾的室內設計，充滿地方特色的DNA。峻丞在這個空間為三峽打造了文創聚落平台。參訪當天七、八位返鄉的年輕人，在此暢談對故鄉的認同與期待，成為集結文創、工藝、社區與公益的完美組合。

二〇二〇年十一月，甘樂文創過十歲生日，峻丞用「甘樂十年、堅定向前」見證自己十年磨一劍的成果，並為下個十年訂下目標與使命。從此，「甘樂文創」是地方創生的品牌，也是社會企業的代表，營收的一定比率回饋給書屋的小孩，因為「唯有教育，才有地方創生」。

品牌背後的痛、地方創生的最大困境

另一方面，新鮮好喝的豆漿背後卻面臨法規調適的困境。為了滿足食安要求，「禾乃川」採購了許多先進設備，導致用電量增加。台灣工廠相關法律授權訂定的子法卻規定，以用電量決定是否應辦理工廠登記。「禾乃川」因用電量攀升，守規矩的進行工廠登記的手續，過程中又衍生出食安部門的不同規範要求。

基於食安考量，法規對工廠裡熟食和生食間的實體距離有所規範。但「禾乃川」是舊的空間改造的，先天上就受到限制，不可能有那麼大的空間可以做空間距離的隔離。經過食安專家的建議，使用先進的技術與設備，避免生食、熟食相互汙染。專家肯定改善後的「禾乃川」可以符合生、熟食隔離的規定，但公部門主管工廠登記的承辦人仍堅持必須有「實體的安全距離」。

來回溝通多次都沒有進展，峻丞沮喪的打電話給我，他說周遭的朋友都問：是不是因為沒有送紅包，才會一直被刁難？當下，我心如刀割。新科技、新技術已經證明的事，竟讓年久失修的舊法規文字，成為一塊阻礙發展的大石頭，基層公務員不敢搬開，可以負責的長官不願意承擔，這就是民怨與無感施政的來源。所幸在國發會的法規調適專案會議討論後，經過新北市政府的協助，最後此問題才得以迎刃而解。

「法與時轉則治，治與世宜則有功」、「徒善不足以為政，徒法不能以自行」。從這個案例中，我們可以看到法規的鬆綁並與時俱進是多麼的重要，是地方創生能夠成功的關鍵之一，這是民間力量無法完成的，需要公部門的大力主導。

二〇二〇年卸下公職後，我又造訪了三峽四次，看到峻丞的商業模式愈來愈成熟，跨域跨界的合作也已展開，例如和雲林著名的御鼎興醬油合作的「味噌御露」創造很棒的銷售成績，味噌的製作更精良，四個品牌同步前行（甘樂文創、帶路趣、禾乃川豆製所、小草書屋）。令人感動的是他仍不忘初心，建立支持系統，用教育耕耘地方，最近看到「小村長」的計畫順利展開，著實開心與感動。

這就是「甘之如飴、樂在其中」的三峽地方創生故事。

宜蘭

不只是台北後花園的蘭陽平原

宜蘭常被稱為「台北的後花園」。水文豐富、土地肥沃的蘭陽平原，從陳定南縣長以來，在游錫堃、劉守成與林聰賢等歷任縣長的守護下，一脈相承的將宜蘭打造為一個環境及生態皆美的宜居城市。

同時宜蘭也是民主聖地，從蔣渭水先生、郭雨新先生、林義雄先生到陳定南先生，走過日治時期、黨外時代到政黨輪替，傳承改革的薪火，對台灣政治有深遠的影響。也因此，宜蘭人對於故鄉懷抱著一定程度的光榮與驕傲感。

然而，自雪山隧道通車後，突然為宜蘭帶來了便捷的交通，同時也對整體環境與生活品質帶來影響。舉例來說，宜蘭的田野間開始長出許多漂亮的「農舍」，宜蘭的民宿密度也躍居全台之冠，蘭陽平原像被貼上許多補丁，不再一望無際。

便利的交通，對宜蘭來說究竟是利是弊？得失之間該如何衡量，可以再深入討論。但若以人口數來看，近五年來，宜蘭人口數逐年遞減，著實讓人憂心。便利的交通帶進大量一次性遊客與賺取觀光財的機會，卻也影響在地居民的生活和環境品質。此時的宜蘭，亟需深入盤點現況及資源，擬定地方創生策略，重新找回「宜居城市」的定位與優勢。

圖／ 今周刊提供

九條好漢在一班的「宜蘭斑」

宜蘭縣是北台灣養殖漁業的重鎮，在七〇到八〇年代的全盛時期，全縣的漁業養殖面積近千公頃。但近年來，由於水產動物疾病不定期侵擾，帶來慘痛的損失，加上養殖戶高齡化、青年外移等問題，導致許多魚塭遭棄置。其中又以壯圍鄉的情況最嚴重，二〇一八年縣府核定的壯圍魚塭面積為五二九公頃，但實際使用率卻僅只百分之二十五・七，意即竟有七成魚塭荒廢不用。

二〇一九年一月，在「地方創生元年」啟動之際，一個陰雨天，我穿上透明輕便的雨衣，與國發會的同仁們，在當時行政院長賴清德先生的帶領下，一同拜訪壯圍的「宜蘭斑」。

所謂的「宜蘭斑」並非新品種的石斑，而是由一群返鄉復育閒置魚塭的青年所組成的在地品牌。這「九條好漢在一班」，九人個個身懷絕技，分頭從石斑及九孔的育苗、養殖出發，延伸食、學、玩、買等四個面向，企圖重振壯圍的養殖漁業。

當天「宜蘭斑」的核心人物何立德執行長在風雨中為我們熱情講解：「壯圍的優勢是以純海水養殖，水質優良，加上離台北近，擁有廣大市場。成為南部石斑魚苗『中程馴養』的基地，若能做到『地產地銷』，將成為一大優勢。」

海港出身的何立德，是二十年前第一批返鄉的青年。從二〇一六年國發會的「設計翻轉．地方創生」計畫起，他開始主持「宜蘭斑」的育成，盤點地方資源，舉行工作坊凝聚共識，邀請在地青年們提出養殖漁業的瓶頸，共同勾勒宜蘭魚塭活化的願景，「九條好漢」的堅實班底便由此而來。

九條好漢的其中一位，「漁曜海物」創辦人楊光瑞帶我們去看他的魚塭。楊光瑞從南台灣引進龍膽石斑、龍虎斑等高經濟價值的魚苗，是宜蘭第一家養殖石斑魚的業者。他堅持不投藥，仔細控制水溫、魚群運動量等細節，用宜蘭好水把石斑養得肉質細緻鮮美。從招待自家好友開始，楊光瑞在養殖魚塭旁開起以在地食材烹調的無菜單餐廳，採預約制，用餐體驗包含養殖場的石斑魚導覽、戶外魚塭餵魚、釣魚等環節，一客單價在八百到一千兩百元間，單月便吸引了七百人次前來壯圍，創造百萬營收。

楊光瑞回憶，正當大家慶幸走對了路，找到能發展品牌、為地方產業加值的商業模式之際，未料不到三個月，餐廳的名氣招來國稅局查稅，因不符合「農地農用」的規定，被要求停止營業，一切轉眼成空。

一旦受限於農地用途，等於限縮廢棄魚塭轉型的可能性，在尋求法規調適的同時，楊光瑞表示，當時他很快調整品牌策略，既然確定石斑魚私廚料理有市場，他決定與夥伴兵分二路，由夥伴留守魚塭，自己直接到台北市太原路開設「漁曜海物之四喜堂私廚」，成為行銷宜蘭石斑魚的城市據點。

用七大收銀機活化小鎮

經過一路嘗試和調整，除了壯圍之外，「宜蘭斑」聯合鄰近的礁溪、五結等宜蘭各鄉鎮，打造了「七大收銀機」獲利模式。

所謂「七大收銀機」，意指包括體驗空間、生態聚落、食材餐廳、解說教室、職人故事館、行動廚房與產地直售在內，共計七種可以創造收入的模式。藉由食、學、玩、買四大核心，建構起五感體驗與多元消費。

如今，來到宜蘭，我們可以到壯圍的「牛頭司耕牛小學堂」，體驗犁田、餵牛吃草，認識農耕機具與傳統耕牛文化；到五結鄉的「魚夫民宿」，跟著民宿主人行船到渡海口撒網、釣魚，到「溪和水產觀光工廠」體驗宜蘭的漁產加工，順道買到最野生新鮮的吻仔魚與櫻花蝦；到礁溪的「賣魚郎食酒處」，吃鮮魚也學習認識魚塭生態。

魚米之鄉終於重新恢復生氣。

而最令我欣喜不已的是，過去這三

年，這群年輕人除了事業有成之外，還生下了三個小寶寶，真正為地方「創生」。這就是賴清德院長訪視壯圍時對地方創生的期待，他說：「地方創生就是利用地方的人、地、物，形成一個產業，讓年輕人可以回來，孝順父母、安居樂業。」

在宜蘭斑，我們看見在眾人一心的努力下，讓廢棄魚塭綻放新的生命力與可能性，藉由提升附加價值，創造就業機會、吸引青年返鄉，達成區域活化的目的。

新科技「凍齡」，為三星蔥保青春

蘭陽溪奔出山谷，注入蘭陽平原，中間的交界點，就是三星鄉。三星鄉是宜蘭縣「最老」的鄉鎮，老化指數居宜蘭縣之冠，年齡超過六十五歲以上者超過百分之二十。此外，三星鄉的人口數也逐年遞減，在兩萬邊緣徘徊。三星鄉鄉長李志鏞對此充滿危機意識，他自二〇一八年底得知行政院交由國發會統籌成立地方創生平台，就開始著手準備，希望三星鄉能搭上地方創生的列車，讓產業升級、人口回流。

二〇一九年年初，李志鏞鄉長帶著厚厚的資料，主動北上前來國發會簡報，說明三星鄉正面臨的人口危機，也盤點了在地資源，提出地方創生計畫。鄉長的主動積極，

圖 / Shutterstock.com

促使三星鄉，成為全台第一個地方創生示範鄉鎮。

二〇一九年的四月，我利用一個週末造訪宜蘭三星鄉，與李志鏞鄉長共同討論三星鄉的地方創生推動進程，包括後續如何配合產業推動，適度鬆綁法令，及如何簡化行政程序，以加速推動。

就產業面來看，三星鄉的明星物產為三星蔥，而三星蔥最大的痛點，是保鮮期太短。一旦遇到產量大好的時候，由於不是主食，銷售速度常跟不上產量，於是只能降價在地銷售，現地製成蔥油餅。由於蔥油餅不會因為使用的蔥不同而差別定價，致使價值銳減。這導致高品質的三星蔥，經常受限於保鮮期而無法提升農民的收益。

面對困境，三星鄉導入新科技應對。為延長保鮮期，三星鄉農會斥資千萬添購「蔬花果休眠保鮮包裝系統」設備，以雷射對青蔥進行「凍齡」處理後，一個月內可維持水嫩不發黃，延長三星蔥的保鮮期，有利於出貨與運送的調節。

李志鏞鄉長也向我介紹三星鄉極具潛力的生態資源。三星鄉是陳定南先生和陳菊女士的故鄉，過去在生態的保護上具備相當好的基礎，有一條美麗的安農溪流經其間，兩旁坐擁整片落羽松佇立，景色靜謐優雅。經過整治，在安農溪上可以泛舟，從事刺激且安全的水上活動。

此外，二〇一九年的十一月，三星鄉公所也在安農溪畔，舉行了第一屆「二〇一九三星安農溪馬拉松嘉年華」。參賽選手們沿著安農溪畔、環繞長埤湖，跑過茶山步道、落羽松祕境，一路上除了美景相伴，更有在地美食助陣，讓選手邊跑邊補充能量，也認識三星鄉的物產。

古法打造台灣在地吟釀

二〇二一年的春天，我再次拜訪三星鄉，來到宜蘭縣第一家取得釀酒證（財政部國庫署製酒許可執照）的「中福酒廠」。馬定璋廠長和我分享酒廠的新作品「吉野吟釀」，這是國內第一支以古老酒米「吉野一號」製作的吟釀。

「吉野一號」，是日治時期進貢給日本天皇的酒米，由於種植難度太高，沉寂了十多年。如今，宜蘭員山鄉青農任永旭，以自然農法復育「吉野一號」，成功收成一八〇公斤，

其中一〇〇公斤便進了「中福酒廠」。

受限於氣候與設備，在三星鄉要釀造吟釀相當不易。馬廠長說，中福酒廠能成功釀造「吉野吟釀」，關鍵在二十八歲的「唎酒師」陳筱柔。陳筱柔曾在日本兵庫縣酒造擔任釀酒的「藏人」（くらびと，意思是在酒藏裡工作的人，意即釀酒的人），習得釀造日本清酒的技術。

陳筱柔和我分享，在沒有日本壓榨機的條件下，他們運用純手工的古法打造「吉野吟釀」。以酒廠自製的酒袋，一點一滴將發酵過的酒醪壓榨過濾，製作出從宜蘭土地裡孕育而出的清酒。這每一步的試驗，都是試圖為在地物產加值。當宜蘭的田裡種出的米，成為產製清酒的原料，經濟價值自然不可同日而語。

酒廠的裝潢具有相當的特色，挑高的屋頂，讓整面牆設計成一個一個的蜂巢，擺放著一甕甕的酒，非常壯觀，這裡也經營餐酒館，由有國際證照的主廚張正忠負責料理的提供。

在壯圍鄉與三星鄉，都有一群優秀又熱愛土地的青年，他們未必都是宜蘭人，但正彼此串連、互助合作。無論是廢棄魚塭、不能蓋餐廳的農地、最老城鎮、十多年沒能成功種出的酒米，又或是難以釀出吟釀的濕熱天氣等各種困境，在這一群青壯年人的眼中，只要目標明確，任何問題都能迎刃而解。

把文化種回來的台灣籽弟兵——茶籽堂

宜蘭南澳鄉，是距離花蓮最近的宜蘭鄉鎮，由於離花蓮太近，南澳人看天氣預報時，會笑說其實參考花蓮的天氣會更準確。

擁有宜蘭縣最大面積，也是縣裡人口最少、人口密度最低的行政區，不只如此，南澳的人口密度在全台灣排名倒數第五。

南澳的居民，有一半的泰雅族與一半的漢人（含客家），朝陽社區是其中少數靠海的客村，有漁港風光，海天一線，連接著中央山脈，坐擁自己的一方天地，就像是個世外桃源。過去因為政府的一些政策，造成二代、三代居民移出朝陽社區，前往羅東或宜蘭就學、就業，導致朝陽社區的人口數和戶數大大減少。淳樸美麗的朝陽社區，像是一個被遺忘的人間仙境。

面臨困境，更要厚植品牌力

我第一次到南澳是為了要瞭解茶籽堂主人趙文豪所面臨的產品標示法規疑義。一項修法時沒有考慮到既有存在的事實，且未預留過渡時期供業者做調整，卻據以新法規開罰的法制疏失，我認為有研議補救的必要，才能兼顧法理與事實。

沒有選擇在辦公室坐下來討論，一是我的上班時間行程緊湊，二是此一問題有急迫性，三是我已耳聞茶籽堂落腳南澳，如能一兼二顧，順道參訪當地地方創生的資源，何樂不為？同行有國發會的處長、同仁、主管部會的組長、宜蘭斑的何立德執行長、AAMA小花執行長及雜學校的地瓜校長。

那是一個夏日假期，我們一大早驅車到朝陽社區。因為蘇花改已

經通車，道路狀況相當好，沒有塞車，車子只開了一個半小時，就抵達南澳。第一印象，依山傍海的朝陽社區，澄藍的天空、綠色的山脈與稻田皆美，唯一煞風景的是，和平電廠「東電北送」的電塔，破壞了一望無際的田園美景。

來到朝陽路八十八之一號，這裡是茶籽堂在南澳的辦公室。茶籽堂是一個走在潮流上的文創品牌，生產與農業結合的清潔用品，三度受金馬獎青睞為指定伴手禮，不但榮獲德國紅點、台灣金典設計獎等多項大獎，更成功進駐誠品販售，並為長榮桂冠酒店、神旺大飯店及許多文青旅店與民宿採用為沐浴清潔用品。

綽號「小木」的年輕品牌創辦人趙文豪，自信的分享茶籽堂與朝陽社區的故事。小木的長輩從一九八〇年代就開始製作清潔劑，二〇〇四年，他的父親為了讓患有富貴手的母親能夠舒服的洗碗，研發了液態苦茶籽清潔劑，大受好評。當時因為對所學缺乏興趣，未完成大學學業的趙文豪返回家中，對未來感到茫然的他，便接下家裡的洗潔用品事業。

趙文豪表示，由於產品力夠強，多數有機商店都願意販售茶籽堂的商品。直到二〇〇八年遇到金融海嘯，許多有機商店被財團併購，通路狀況開始有所改變，他這才發現，產品力不等於品牌力。於是，茶籽堂決心投入高階品牌的經營，陸續推出洗衣、洗髮、沐浴、乳液等保養清潔商品。

「你們為什麼不做苦茶油？」趙文豪聽到了客戶的聲音，同時期待品牌能真正與土地連結，於是開始往原料端探尋究竟。然而，一腳踩進去才驚覺，原來台灣有高達九成的苦茶籽來自中國大陸，本地自產的苦茶籽只有一成不到。

要做出高端的苦茶油，即使榨油技術再怎麼卓越，如果無法掌控原料的來源，對品質與食安仍具有一定程度的影響。再者，茶籽堂自詡為台灣在地的品牌，若不能端出一瓶以台灣苦茶籽製作的苦茶油，小木說：「那還真是說不過去。」

但由於苦茶是五年一收，時逢黑心油風暴席捲，農民們光是榨大陸籽的油去賣，生意就做不完。趙文豪遍尋不著願意協助種植台灣苦茶籽的農民，一咬牙，團隊決定跨足農業，自己契作台灣的苦茶籽，便展開茶籽堂深耕社區之路。

深耕社區，在契作的土地上扎根

無論苦茶油或蜂蜜，傳統的銷售場景，經常是農民開著一台小貨車停在路邊販售，面前放置一塊紙板，寫著「不純砍頭」。在這樣的銷售模式下，再優質的苦茶油，也只能賣到一千多塊。趙文豪發現，無法展現商品價值的銷售模式，將成為產業發展的瓶頸：「如果你去分析當中的成本，會發現一瓶使用台灣籽的苦茶油只賣一千多塊，是做不下去的。若要產業化，需要從終端開始提高品牌認識與售價。」

決心從生產端到銷售端提振苦茶油產業之後，小木與團隊在二〇一七年來到朝陽社區，與十二位農民契作，在一萬五千坪的農地上，種下三千棵苦茶樹。好的苦茶油需要好的苦茶籽，而要種出好的苦茶籽，則需要長期穩定的社區力量支持。在契作穩定之後，茶籽堂團隊決定在此扎根，協助朝陽社區推動地方創生，解決在地農民老化、人口流失的困境。

於是，二〇一八年茶籽堂成立了朝陽社區駐點辦公室，協助在地改造餐廳、觀海公園與民宿形象，設計朝陽社區的LOGO，建立起品牌識別系統；此外，他們也著手進行地方實驗教育培育人才，對在地的國中、小學生進行土地教育，帶孩子認識自

己的家鄉，同時啟動「籽弟兵計畫」，引領對返鄉、社會及土地議題感興趣的人來到朝陽社區，分享地方創生的理念和方法，並計畫在未來，要讓朝陽社區蛻變為台灣第一個頂級苦茶油莊園。

從南澳和小木身上，讓我重新認識苦茶籽，原來苦茶油不是用來煎、炒、炸，而是用喝的，或像吃麵包沾橄欖油一樣，是種高級食用油品。難怪公公在世時，總喜歡用苦茶油拌飯吃。去年底茶籽堂的限量版苦茶油只有一千多瓶，每瓶都有編號，包裝使用「春池玻璃」製作具設計感的瓶子，初拿到時還以為是威士忌酒，苦茶油這種在台灣原來僅於路邊叫賣的產品，如今不但華麗轉身，更為台灣的農業、土地、文化做出貢獻。小木從一個創業家到地方創生的活水源頭，除了感動也充滿感恩。

攜手小人小學，在兒童教育的路上同行

在教育路上，小木知道這不是他的專長，要深耕地方，必須解決地方問題，朝陽社區要和其他地方不一樣，必須跨域、跨界的整合，這時候就要找同儕。套句俏皮話，就是「挖坑給好朋友跳」。二〇一八年，小木找來人稱「扣扣老師」的陳子倢，帶著一手創辦的親子教育系統「小人小學」，進駐朝陽社區。

第一次見到扣扣，是在茶籽堂的辦公室，那應該是我第二次造訪南澳的時候。她坐在角落，分享她在南澳的觀察，偏鄉底層社會存在著被忽略的悲慘故事，如同我在廢墟看到吸毒的媽媽一樣，她們根本沒有養活子女的能力，更別談教育。而失去家庭功能的孩子，不只欠缺學習動力，就連維持生活也困難。扣扣攜手小木，利用老街道上的一幢老屋，打造了「小人小學」的南澳據點，有小型的圖書室，有可以學習烹飪的小型廚具設

備，及小小的木工房。開展了「小人小學1號計畫」，引導當地孩子從認識家鄉開始，進而認同家鄉。

朝陽社區地方創生計畫得以啟動及至目前成為範例，在地的長輩們功不可沒。他們並未排斥外來者、他們願意接受年輕人新的想法，讓年輕人有揮灑的空間。感恩朝陽里里長李順義、社區發展協會理事長蘇朝麟及所有的長輩們，你們的包容，讓朝陽社區成為一個絕佳的有機體，不斷朝向更好的未來前進。

現在若想前往朝陽社區，除了開車，還可搭乘火車到南澳站下車，走路十五分鐘就能到達漁港海邊，山海美景盡入眼簾。朝陽社區有二條國家級步道，還可參加茶籽堂的農場體驗，瞭解苦茶的種植，漁港旁的餐廳有新鮮海產，如果時機對，除了夕陽美景外，還能參加漁船滿載魚貨返港的「搶魚」大戰，買到便宜又好的新鮮魚產。南澳地方創生正在呼喚你！

花蓮／

好山好水好美的
慢與精品

常聽人用一句話來描述花東：好山、好水、好無聊。花蓮的確是深受大自然眷顧的地方，有清澈的空氣、蔚藍的天空，在巍峨的中央山脈與浩瀚的太平洋之間，造就無數美景。

這樣的花蓮，卻長期在經濟發展上處於弱勢。過去有很長一段時間，高度仰賴觀光，特別是享譽國際的太魯閣與長春祠等地，每年吸引大量的陸客與其他國家的遊客拜訪花蓮。這些年，花蓮的觀光效益確實提升，但在此同時，花蓮的人口數卻仍持續下滑。

此外，花蓮還是台灣面積最大的縣份，地形非常狹長，從最北的秀林鄉到最南的富里鄉，南北長約一三七．五公里，相當於從桃園到台中的南北距離。因此，花蓮的北、中、南區之間，存在顯著的差異性，非常豐富多元，並不如同一般民眾所認知的，花蓮的精采只有一個太魯閣。

過去，對太魯閣慕名而來的遊客，經常是走完太魯閣、拍完照就離開，缺乏長時間停留，或再次造訪的意願。資源豐富、潛力無限的花蓮，的確需要地方創生計畫，讓它的美好能被記憶與留存。

親愛的海洋，換我來保護你——洄遊吧

二〇二〇年的二二八連假期間，在國內疫情控制得當、國旅亟需振興的前提下，國發會在連假前，於臉書推出「台灣地方創生特輯」，推薦民眾一系列適合出遊的景點。所推薦之處，都是我利用假日親自造訪過的地方創生據點，其中一個大推的必訪之地，就是七星潭的「洄遊吧」。

來到位於北花蓮的七星潭，除了可以看海，現在還能跟著食魚教育品牌「洄遊吧」，走一趟從海洋到餐桌的旅程。

我不只一次拜訪此處，但每次見到創辦人黃紋綺，我都從她身上學習到新的海洋知識，感染到大海的能量。

造訪「洄遊吧」，可以跟著黃紋綺到七星潭漁場推竹筏下海、取漁獲上岸，體驗漁獲的秤重、理貨，參與糶手的喊價，向漁人學習怎麼選魚、吃魚，才對環境和健康最有益。談到返鄉初衷，從小被海洋養大黃紋綺感性說道：「現在我長大了，換我來保護她。」

黃紋綺是七星潭定置漁場第三代，從小跟著舅舅在定置漁場裡，坐在廢棄輪胎上「衝浪」玩耍，可以說是泡在海裡長大的孩子。長大後的黃紋綺，就讀中山大學海洋環境與工程學系，依照原本的人生規劃，日後將前往美國麻省理工學院攻讀海洋工程博士，推薦函等相關文件也已備齊。然而，在因緣際會下，她跟隨教授的帶領，接觸到台灣港務公司的案子，協助國內海港導入「歐洲生態港認證」（Eco Port）。過程中，黃紋綺發現相較於做研究，她更喜歡與海洋相關的實務工作，於是在二〇一六年決定返回七星潭創業，開設公司從事「食魚教育」。

「台灣只有海鮮文化，沒有海洋文化。」黃紋綺認為，四面環海的台灣，人與海洋的關聯不應僅限於口腹之欲的滿足，大海的美如此深邃，在享用它無私的給予時，我們應該給海洋再多一點關心。

女力崛起！打造三大獲利模式

花了數年時間進行田調訪問、遊程研發，也探索商業模式。如今，洄遊吧以食魚教育及海洋永續為核心，建立了三種獲利模式，分別是「洄遊潮體驗」、「洄遊鮮撈」與「洄遊新知」。

●洄遊潮體驗

最受遊客歡迎的體驗活動。團隊從接待散客、旅行團、校外教學與企業團體建立活動（team building）中，逐漸建立起口碑，成為招攬各路人馬前來花蓮旅行的一大賣點。

●洄遊鮮撈

販售海洋永續漁獲的海鮮品牌。黃紋綺家傳的「定置漁法」，用設置固定魚網的方式，讓魚自己跑進來，是最友善海洋的「被動式捕魚法」。黃紋綺和在地定置漁場合作，銷售當季捕撈的洄游魚類及海產，春天有鬼頭刀、冬天有馬加魚，每一條魚都吃得到新鮮。

●洄遊新知

提供食魚教育諮詢的顧問服務，為黃紋綺團隊長期田調與扎實研究累積下來的硬功夫，能夠承接政府及企業的合作案，例如團隊曾協助統一超商設計食魚教育活動，讓消費者能在各門市體驗和互動。

從熱愛海洋的心出發，黃紋綺不僅下足功夫，盤點資源及優勢，也精準洞悉市場需求。創業後，整個團隊幾乎都是女生，一群堅實的女力，成為漁人和消費者間溫柔的橋樑，發展出結合食魚教育、體驗與餐飲的商業模式，除了能為友善海洋盡心力，也為百年產業「定置漁場」點燃全新可能。

台北囝仔的花蓮姻緣——定置漁場傳人

在北花蓮，另一段精采的地方創生故事，是任聿新的家咖哩。人稱 Rush 的任聿新並不是花蓮人，卻與花蓮有著極深的緣分——他從台北來到東華大學念書，又在花

蓮服兵役，接著就把媽媽帶來花蓮，一起創業。

拜訪家咖哩，任聿新和我分享，他的夢想是幫媽媽開一間屬於自己的餐廳。退伍後，愛上花蓮的他，就鼓勵媽媽運用花蓮的香料與食材，將原本只做給家人吃的咖哩醬發揚光大。

家咖哩的品牌核心，是「疼惜大地，誠食生活」。任聿新說，久居在純淨自然的花蓮，他意識到食材原料的重要性，於是尋求無毒有機、品質優良的小農合作，以契作的方式提供小農穩定合理的價格，也合作推廣「社區協力農業」（CSA），讓餐廳在獲利的同時，對社區有所貢獻。

坐擁優質的原料，任聿新的母親將在地種植的香料與蔬果，熬煮成一鍋鍋南洋風味的香濃咖哩，做出了「花蓮產」的咖哩。

在地食材老宅飄香

我還記得第一次踏進家咖哩，在還沒品味咖哩前，就先被這個空間感動。家咖哩位於美崙松園別館的山腳下，一間建於一九四四年的檜木老宅裡。

這間老宅很有來歷，在日治時期由花蓮港廳出售給南日本漁業統制株式會社，光復後輾轉成為台灣水泥董事長的招待所。任聿新說，家咖哩原址坐落在老宅斜對面，喜歡老東西的他幾經探訪，終於有機會接手這棟占地三百坪的老宅。如今，在這個被細心呵護的木造房舍內，空間被一一妥善利用，除了用餐區域外，還規劃了友善小農的農產品陳列、在地文創小物展售平台，和手工皂DIY體驗空間。

對於品牌定位，任聿新跟我分享他的生意經：「面對外國市場，在地化就是國際化；面對國內市場，小眾就是大眾。」因此，不走加盟，家咖哩以股東進駐的方式，曾在台北與台中開有三家店。此外，任聿新也在最愛的花蓮尋找新的可能性。

解編七星潭防風林，康樂海灘展生機

任聿新的妻子是七星潭東昌定置漁場的第三代。東昌漁場是目前僅存的三家定置漁場之一。夫妻倆希望以岳父家的漁場為基地，延伸新事業。然而，七星潭由於防風林的緣故，即使土地與建物皆為私有財產，也無法開發使用。我第一次拜訪東昌漁場，見到Rush的岳父，他拿著二十多年來所蒐集的所有資料告訴我，資料早都齊全了，申請解編的行政程序卻一再拖延，不知他這一生是否可以看到成果？那時他的妻子已生病住院中。所幸集合了所有積極任事的公務員，終於完成了解編，讓私人財產可以重見天日，可惜最疼愛Rush的岳母未及見到這一切。

防風林解編後的七星潭，北端的康樂海灘從過去的人煙罕至，有了很大的轉變，現在因為一群年輕人的進駐，多了幾處具特色又精緻的美食角落。

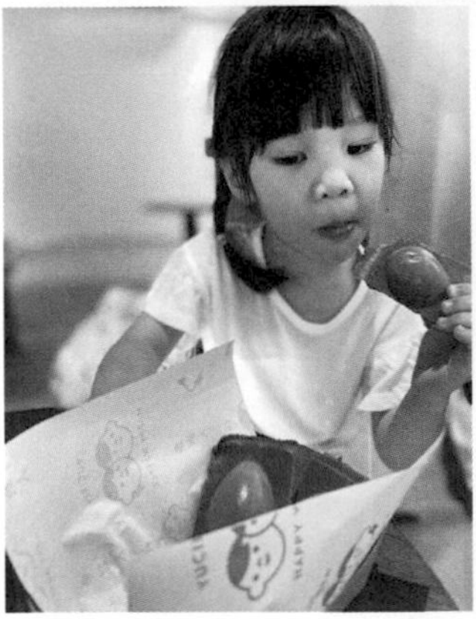

第一家就是任聿新在市區的餐廳「定置漁場三代目」拉麵店，利用過去分切剩餘不用的大量鮮魚骨、魚皮與魚眼熬湯，富含膠原蛋白、DHA和礦物質，魚貨則由漁場現送。在這裡，冬天吃得到當季的黃雞魚、土魠與東方齒鰆等時令鮮魚。因為是限量，十二點開始營業，十點就開始有人排隊，賣完就沒有了。店裡的所有廚師和工作人員年齡都在三十歲以下，看到他們非常努力認真的處理每一道餐點，吃在口中的，是滿滿的感動。

另一間是從台中審計新村紅到東海岸的「魚刺人雞蛋糕」。七星潭的「魚刺人」是老屋改建，陳設很簡單，座位不多，來到這裡的遊客主要是來看大海。Rush的商業策略是正確的，大多數遊客都是買了咖啡、飲料及雞蛋糕後，走出戶外搭配海景享用。沙灘上，品嚐口感與鬆餅同等級的雞蛋糕，配著咖啡、看著浪花，是人生一大樂事，也是大家所喜歡的療癒感覺。

隨著防風林解編後，如何活化這些回復私人所有的建築，是所有者的重大目標。繼魚刺人雞蛋糕之後，就在海巡署對面的閒置房舍，在二〇二一年春節前夕變身為一座從沙灘長出來的第二家「漁場鍋物三代目」，賣的是當日最新鮮魚貨的涮涮鍋。低調典雅的裝潢，牆上的每一條魚都是員工一筆一筆畫的，栩栩如生。大廚竟然是在台灣美食界赫赫有名的 Jimmy，創意來自 Jimmy，他與老闆 Rush 已成為共同實踐夢想家，超級麻吉的工作夥伴。

當然不能埋沒 Jimmy 的才氣，在這個場域一個不太起眼的角落，有一間藏身在鐵皮屋裡的泥磚老屋，是預約制的私廚 TIPI HOUSE。工業風裡洋溢著漁村風情，食材則來自東昌漁

場捕撈的新鮮漁獲與花蓮在地食材，相互融合，協奏出獨到的在地料理。記得預約喲！

從一個年輕人對花蓮的迷戀開始，在這裡成家立業，也吸引了更多有創意的年輕人來此創業。在地的文化、食材與空間等DNA，因為新血的注入，被重新詮釋，而有了新的生命，形成花蓮另類的飲食文化。

一座山林裡的多樣文化——太巴塱部落

中花蓮的光復鄉，有原住民文化、日式糖廠與森林園區，呈現台灣歷史中不同階段、不同族群的特色與痕跡，蘊藏許多精采。

光復鄉西側山區的太巴塱（TAFALONG）部落，是傳說中阿美族的發源地，也是最大的阿美族部落之一。此處有著得天獨厚的景觀與文化底蘊，太巴塱發展出一種部落生態的體驗遊程，帶著旅客感受部落生活與阿美族文化。

我來到太巴塱部落，跟著導覽的部落青年小馬，參觀太巴塱部落的信仰中心kakita'an祖屋，體驗以紅糯米釀酒與搗麻糬的飲食文化。據說，豐年祭時這裡更是熱鬧，族人規劃了族服DIY、頭目說故事、遺址探索等精采活動，吸引不少外國遊客前來光復鄉朝聖。他們善用數位的網路預約制，已經可以順利且持續的接待前來體驗的遊客。

在部落體驗期間，最令我感動的，是看到族裡的長者與年輕人齊力保存傳統文化，部落中開始出現工作室、文史館、文化園區等規劃，傳承傳統織布、籐編、歌謠吟唱、野外訓練、木雕等寶貴的文化資產。

部落生態解說員的資格法規已鬆綁，可以不必具有導遊的證照，但從花蓮市來到太巴塱的公共運輸串連不足，有待政府做整體的接駁規劃。

在山與海的擁抱裡野營
——大農大富平地森林園區

中花蓮另一個已具有地方創生雛型的是花蓮光復糖廠基地。光復糖廠早期為東部製糖重鎮，二〇〇二年停工後轉型為觀光糖廠，並將過去作為日本員工宿舍的日式木造建築，整修為「台糖花蓮旅館」，遊客造訪此地，即可下榻在日式老屋中，享受腳踩榻榻米、以檜木桶泡澡的日式風情。

距離糖廠開車不到十分鐘之處，就是大農大富平地森林園區。這是台灣首座平地森林園區，在中央山脈與海岸山脈的懷抱裡，擁有

遼闊的視野和豐富的生態資源，一年四季皆有不同的風采。令我印象最深刻的，是環繞自行車道兩旁的楓香與青楓，夏夜可以前來與螢火蟲共舞，秋冬之際，則吸引眾人造訪，欣賞夾道林立的楓紅和白楊木。

如今，移居來花蓮的年輕人「汪洋」，擁有國際志工的經驗，語言能力超強，透過公私協力，著手開發「森林野餐」與全新的生態體驗遊程，希望讓東部森林之美被更多人看見。

讓音樂成為社區認同和情感的黏著劑——富里穀稻秋聲

在花蓮最南端的富里，返鄉接手家中有機米事業的鍾雨恩與一群在地青年，從二〇一五年開始，連續六年在富里群山環繞的美景裡，舉辦為期兩天的「穀稻秋聲音樂節」。他們歷年來策劃了不同主題，像是「富里日常」、「農村派對」，以及二〇二〇年的「我們在一起」，皆吸引千人到訪富里。

藉由地方性音樂節，促成外地人認識富里的契機，進而帶動地方品牌與農村文化觀光。更重要的是，在每年策劃的過程中，這群年輕人一點一滴的凝聚了社區認同與情感。

花蓮需要發展「真正的觀光」

盤點花蓮的資源，有農業、漁業，但礙於交通，新鮮直送或有困難，但科技應可解決此一問題。而好山好水的天然景觀，似乎告訴花蓮人，觀光旅遊還是一條必走的道路。我不是觀光領域的專家，但我看花蓮旅遊，必須走出過去的窠臼，必須從軟體提升觀光的品質，留客、慢遊、精緻、有趣恐怕都是要著墨的地方。胡文偉教練在新城鄉帶了一群原住民的孩子打棒球及學習生活技能，「夢想練習曲」為孩子打造未來，已有相當的能見度，並得到關注。但如何讓這些孩子有銜接未來就業的能力，串接太魯閣與市區間可否給新城一個活化的機會，也讓遊客不必舟車勞頓奔波，公部門應該有著力點。感謝文偉及 Lulu 對孩子的付出，你們辛苦了。

我的故鄉花蓮，需要發展「有溫度的觀光」

台灣的觀光多是走馬看花、煙火式的一次性觀光，回客率不高，留客時間不長，唯有透過推動地方創生的機會，再次盤點優勢與劣勢，透過數據的分析來規劃與整合，從軟體內容出發，才能找到地方真正魅力的觀光。很高興花蓮縣政府於二〇二一年推出了「慢・精品・花蓮」的城市重新品牌定位，目的就是找出一種令都市人羨慕的「花蓮常民生活內涵」。新創的旅遊平台都看好花蓮可以推動區分等級的高端體驗旅遊，和消費者建立更緊密、長期的關係，這都是我們所樂見的。

台東

東方一顆新升起的明珠

二〇二〇年，新冠疫情籠罩全球，由於國人無法出國觀光，台東受惠於國旅市場前所未有的榮景，躍居台灣人「偽出國」的最愛。在這波國內旅遊的熱潮中，台東屢屢榮獲 Booking.com「Traveller Review Awards 2021」評比「全球最好客目的地」第一名、旅遊業者 Expedia 智遊網評比「最受台灣旅客喜愛的十大國旅城市」第一名等肯定；該年觀光旅館平均住房率更高達百分之六二．〇二，位居全國第一。

台東是台灣重要的稻米產地，近年也因為政府策劃的地方活動，帶動了觀光。像是鹿野的人氣活動「台東熱氣球嘉年華」、與國際衝浪組織合作，在金樽舉辦的「台灣國際衝浪公開賽」，以及在百頃黃金稻浪上開唱的池上「秋收稻穀藝術節」。三個大型活動舉辦至今，都超過十年。

除了節慶之外，台東還有許多著名的景點，例如「台灣好基金會」進駐的鐵花村，以及因為品牌拍攝取景，一炮而紅的伯朗大道和金城武樹。在過去的因緣際會下，台東得以呈現出多種不同的面貌。

台東的美，總會吸引對的人心甘情願為它付出。前亞都麗緻飯店總裁嚴長壽先生退休後移居台東，透過深耕台東多年的公益平台基金會，協助台東的發展。尤其針對台東最北的長濱、與花蓮最南的豐濱，嚴長壽先生近年在文化、歷史與觀光上，透過公益平台做了很多創業團隊的輔導與部落青年的人才培育，改造了這兩個地方。

基於眾多因素，在推動地方創生上，相對於其他的縣市，台東擁有更佳的基礎。此外，台東還有一位地方創生的重要推手——現任副縣長王志輝先生。曾是水保局台東分局分局長的他，一定可以結合具備地方創生理念的內容，積極協助在地產業復甦。

米國學校喚起關山人坐擁黃金的驕傲

台東縣關山鎮緊鄰台灣好米出產地——池上。事實上行政區域的劃分並不能代表農產品的品質就有差異，但關山好米就是硬被池上米的口碑給比下去了。

眼看土地裡長出了好米，然而吃米知米的農業文化，卻正在凋零。離鄉十五年的彭衍芳回到了故鄉，在農會的倉庫創立了「米國學校」，要找回這塊土地上的農業價值，以及人與地的連結。取名「米國學校」，是想以教育之名，行農產行銷之實，也因此彭衍芳成了「校長」。我一度以為他是校長退休，仍熱愛教育，才用農業繼續作育英才，沒想到他實際上一直在農業領域耕耘數十年。

一個冬陽高照的假日午後，我在關山鎮長戴文達的帶領下來到「米國學校」，走在以舊碾米加工廠改建的空間裡，校長熱心的向我講解關山米的神秘之處。「主委，妳知道關山米為什麼特別好吃嗎？」彭衍芳說，這是因為關山夾在中央山脈與海岸山脈之間，縱谷間的日照特別短，較大的日夜溫差，讓關山米有更長的熟成時間，所以口感更富彈性、風味更佳。

談到台東的地方創生，「彭校長」表示，他早在二〇〇九年從台北回到關山，任職農會推廣部門期間，就發

現在地人的自卑感，心裡總羨慕都市人坐沙發，卻以為自己坐在一顆又冷又硬的石頭上，殊不知自己擁有的其實是一塊黃金。

「我們住在那麼好的地方，坐擁資源卻不懂得應用。」彭衍芳校長說，這塊黃金，只要你屁股移動一下，一定很快有人搬走。要進行地方創生，得先讓關山人知道自己其實坐擁寶山。

要讓在地人知道關山的好、恢復農民的驕傲，也希望讓下一代瞭解務農的故事，彭衍芳校長在米國學校倡導「從泥巴，到嘴巴」的食農教育。

從稻米到小米，體驗關山多元文化

彭衍芳校長引領遊客踩著單車，從地形瞭解關山米的優勢，還延請師傅打造多口古灶，現採現煮，帶遊客品嚐早期務農的「大碗公飯」。在這過程中，讓在地農民的作物被認識，也增加了社區媽媽的就業機會，利用倉庫的空間經營餐廳及規劃非常有創意的方格子櫥窗販賣小農的產物，有直售所的規格。

去年離開公職後，我又來到關山，一樣是冬天的午後，相隔不到一年，不僅米國學校的食農教育更趨成熟，彭校長更規劃了社區的原民部落開發結合產業的遊程。

校長的食米教育已有升級版的「米國研究所課程」，要學會從稻穀、粗糠、糙米、屑米、胚芽米、米糠、粗碎米、細碎米、雜色米，一直到良質白米的分辨能力，學成合格還可以領到用各種米做成文創產品的獎品獎勵。學會將稻穀脫殼成為白米，並知道米的計算單位，就可以帶一台斤的關山米回家吃。

在倉庫的另一側，剛剛完工的食農教育體驗教室內，校長將台東過熟的釋迦開發成冷飲，且可以外帶、外送，完全不受場域的限制。今年夏天到關山，別忘了到穀倉咖啡坊喝一杯最道地的牛奶釋迦。

去年秋末我帶了幾位「俗氣的都市人」跟著校長前往布農族崁頂社區。為了不擾民，彭衍芳校長規定遊客必須將車子停在米國學校的停車場，改以接駁交通車替代，讓社區原本的生活樣貌不受遊客的進入而受到干擾。這個貼心的要求，足見彭衍芳校長對社區的疼惜，以及對地方創生的遠見。

踏進社區的一座原民風建築，胡天國理事長用他嘹亮的歌聲與幽默風趣自成一格的解說方式，介紹小米的生長、分類及食用方式。我們體驗用雙腳搓揉小米脫粒、搗杵脫殼的傳統製作過程，吃著自己製作的小米飯，飽足之後來到布農族獵人「麻將」的基地，聽他訴說大自然的故事，聽他學各種鳥類與動物的叫聲，也跟著學習敬山、愛山，與大自然共榮的

山林教育。體驗經濟為在地帶來活水與商機，彭校長說，假如每天有兩部遊覽車的人次前來這裡體驗，原住民的所有產物就能順利銷售一空。

避免短視近利才能永續經營

遊客進來了，在旅宿供給足夠的狀況下，彭衍芳校長勸導在地居民不要經營民宿，讓土地保持農田的樣貌，他認為：「地不種之後就回不去了。」

關山在彭衍芳校長的帶領下，地方的改變從裡到外，正在發生，不但引領外地人，從米食角度切入，在體驗漢人與原民文化差異的過程，也看見關山的豐富與多元。期待關山可以和池上並肩，為東台灣稻米文化立下更高的品牌價值。這個米國學校校長的稱號，就是彭衍芳先生的ＩＰ，更是他的「終身職」。

接受它的「普通」，矢志要讓它「與眾不同」的「痴愛玉」

許多人可能不知道，寶島台灣是全世界唯一吃得到愛玉的地方。愛玉只能生長在中海拔八〇〇公尺以上、一五〇〇公尺以下，不冷不熱又無汙染的地方。而且，只有一種名叫「愛玉小蜂」的蜜蜂，可以為愛玉授粉。因此作為愛玉產地，關山可以說是得天獨厚。

二〇一九年十一月，入秋之際，我來到關山分局前的老屋裡，拜訪單靠著一項「愛玉」，就榮獲二〇二〇年慢食評鑑二星獎項的愛玉甜品店「痴愛玉」。這棟老屋是租來的，沒想到搭配愛玉餐點，是那麼的契合。

「痴愛玉」的女主人吳珮甄，很早就離鄉背井到高雄求學就業，直到人生轉彎回到家鄉，開始陪伴父親做起愛玉生意。珮甄的父親吳博正是關山種植愛玉的「農夫」。

珮甄發現野放栽植的愛玉，無論種植或採收皆不容易，卻只能任憑盤商收購，價值因夜市滿街的假愛玉而無法彰顯。吳珮甄說：「那時我心想，誰說愛玉只能在路邊攤叫賣，只能是市場上的配角？」

剛返鄉決心要讓父親休息，讓愛玉翻轉命運。全鎮上沒有人看好，打賭她的店不到三個月一定會倒。

珮甄說，我必須先接受愛玉的「普通」，我才有機會把它做得「與眾不同」，就是這股決心，吳珮甄要為愛玉塑造高品質的出路。她除了堅持日日手洗愛玉外，還研發出了令人耳目一新的創新菜單，運用土鳳梨、紅茶、啤酒、咖啡調味，甚至另有薑汁燒愛玉、玫瑰拿鐵愛玉等熱食口味。

市面上愛玉很少做熱的，珮甄告訴我，小火加熱是真假愛玉的照妖鏡，真正的愛玉可以做成熱飲，它不像化學愛玉，遇熱就融化。

創意及智慧，改變了原本只能在夜市一杯十五元的愛玉冰的命運。

珮甄同時到學校教小朋友認識自己家鄉的作物——愛玉，並用洗下來的殘渣做成文創作品，在有歷史的老屋內除了愛玉，更多了文化與人文藝術的氛圍。從對愛玉的「痴」到對農業作物的尊重外，我們又見證了「女力」在台東的魅力。

如今的「痴愛玉」，不僅在地人愛吃，也讓不少外地人慕名而來，經常不到打烊時間，愛玉就已銷售一空。

用小米文化點亮部落——小米學堂

金峰鄉位於台東縣西南方，再過去一點就是屏東。在南迴公路通車之後，金峰鄉成為一個容易讓人遺忘的地方，就連網絡遍布全台的7-ELEVEN便利商店，都是遲至二〇二〇年八月，才以一坪大小的無人商店進駐此地，為台東南迴四鄉鎮補上最後一塊超商拼圖。

走進部落，有沒有便利商店倒是其次，最重要的，是感受部落青年們對於文化推廣的熱情。來到金峰鄉魯拉克斯部落裡的「小米學堂」，排灣族青年高世忠與妻子，帶我參訪小米故事館，讓我開始瞭解排灣族的小米文化，包括小米的生長季節，以及

原住民用來驅趕田間小鳥器具的演變。

魯拉克斯（Rulakes），在族語中意思是「樟木很多的地方」。土壤肥沃、水源豐沛的魯拉克斯部落，很適合種植小米、紅藜、咖啡、洛神花等作物。二〇一七年，在「南迴小米產業示範區推廣計畫」的支持下，廢校多年的歷坵國小，被翻修為推廣原住民傳統農糧小米的體驗場館，變身成為「小米學堂」。

「小米學堂」的經營者高世忠是退伍軍人，返鄉後致力保存、推廣排灣族的小米文化。他有超強的說故事能力，聽他說起自己的回鄉故事，笑聲夾雜著感動，含淚帶著微笑。高太太不多語，但手很巧，他們共同經營的餐廳有非常道地且大器的部落美食，風味特色就是地方創生中的DNA。在「小米學堂」裡，除了瞭解原住民小米的前世今生，還可以體驗小米手作、排灣族串珠、手作阿粨，以及彈弓、射箭、擲標等獵人文化。

從土地裡提煉出軟的故事文化，從科技中導入硬的技術設備，軟硬兼具的「栢發栢粽」，在故鄉站穩腳跟，不僅創造在地就業機會，也將眼光望向世界，為部落建立起面向國際的自信。

哲煌與禎壹已創生三位小寶貝，在一〇一眺望台上看到一家四口的美麗畫面，有想哭的衝動。如同禎壹給我這段文字：

因著阿栢的力量
在女性身上看見力量
優雅、尊貴，慢慢找到飲食的意義，緩緩的、細細的
每一句叮嚀都是我們對部落的期盼
循著多元的路徑找到我們發聲的頻率
我們回歸自主權，而不是被支配
屬於部落女性的流域，栢發栢粽

這是一片原來不起眼的葉子，承載著文化、平權、產業、科技的能量，帶給大家的啟示。

屏東

我屏東我驕傲的台灣尾

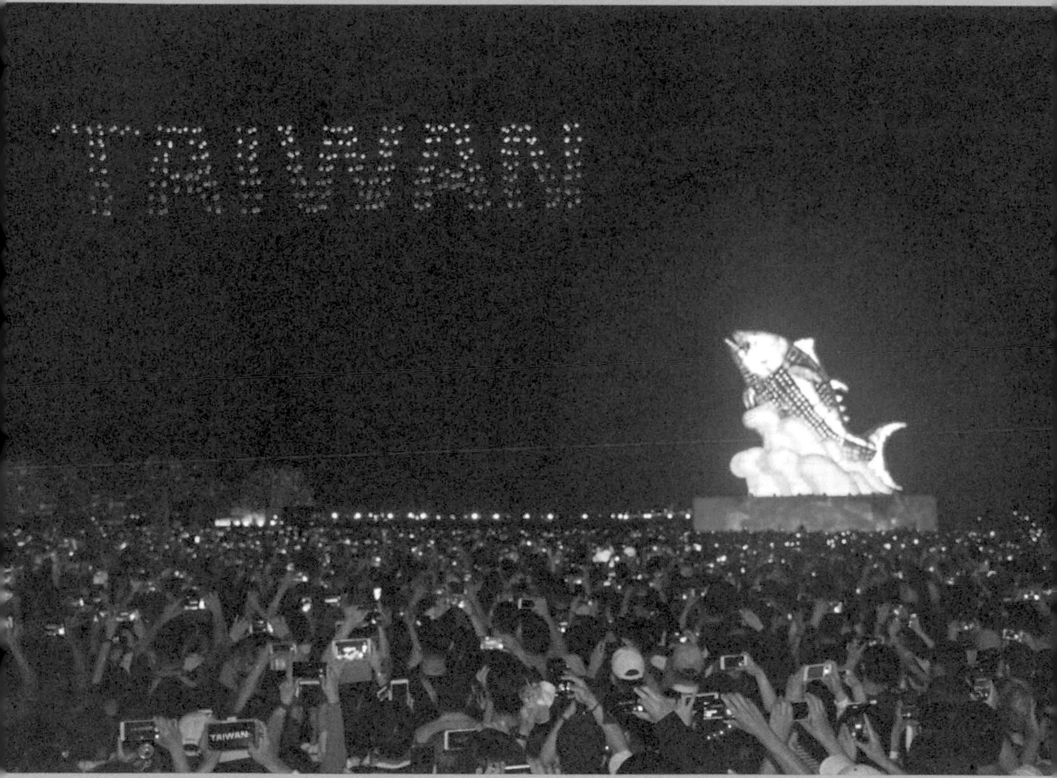

圖／屏東縣政府提供

過去，大多數台灣人對屏東的第一印象，總環繞在墾丁的沙灘和觀光，其次就是當地豐富的美食，例如萬巒豬腳、東港黑鮪魚、萬丹紅豆餅等等。近年，屏東在潘孟安縣長主政下，已全面翻轉，有了完全不同的面貌。

過去國立海洋生物博物館曾舉辦「來去海生館住一晚」活動，吸引全台各地的爸媽帶著小朋友去體驗；二〇一九年適逢「台灣燈會三十週年」，屏東在東港主辦為期十七天的台灣燈會，更累積了全台高達一千三百三十九萬人次前往參觀，「我屏東我驕傲」被譽為「史上最美燈會」，翻轉了屏東沒有高鐵站，從地理位置、交通、資源等條件來看，都被認為「先天條件不良」的印象。近年屏東的改變，為屏東人找回了對故鄉的自信心，讓我們看見，屏東除了發展一、二級產業，也具備了各種能量與可能性。

我們試著盤點屏東豐富的資源，發現屏東有二十五座漁港、有三成的農家人口數，以及豐富的原住民文化與森林資源，都是發展地方創生絕佳的基礎。

屏東除了在泰武鄉有咖啡交易中心，聯合原鄉發展精品咖啡外，在以內埔鄉為核心等多個鄉鎮，也發展起種植可可與精品巧克力的高端經濟及新飲食文化。原民文化氛圍濃厚的牡丹鄉，在鄉公所的帶領下，以保護原始景觀與生活方式為前提，保留了生活文化，同步發展在地產業。屏東土地上厚積的能量，正透過地方創生的轉化，邁向令人期待的未來。

把台灣味做成世界級的福灣巧克力

屏東有非常特別的巧克力發展史，目前有五個莊園、三十二個品牌，成為台灣巧克力品牌最密集的縣市。

屏東會開始種植可可，是因為檳榔。在屏東，隨處可見一片片蔥綠的檳榔田，因為檳榔淺根、水土保持不易的特性，以及眼看檳榔產業不斷萎縮、年輕人外移的狀況下，政府鼓勵轉作與廢耕，農民們開始在檳榔園裡種起了需要高溫多雨環境的可可樹。

可可農在試驗數年後，成功栽種出屏東可可，卻立即面臨市場與產品定位的挑戰。小農種出的屏東可可作成巧克力，跟大型食品製造廠相比，售價沒有競爭力；要出口輸出可可豆，人力成本又不敵哥倫比亞等南美國家。

巧克力最短里程在屏東

二〇一七年，就在屏東可可農還在遍尋不著出路的時候，福灣巧克力在人稱「巧克力界奧斯卡」的世界巧克力大賽ＩＣＡ亞太區比賽上拿下大會最高獎項「全競賽不分類最佳巧克力金牌」，而且抱回了五金二銀一銅的佳績。屏東巧克力第一次在國際嶄露頭角，為屏東巧克力開啟了一個邁向精品巧克力的大門。

二〇一八年，耶誕節前夕，我和郭副主委在結束南部地區的說明會後，偕同來自屏東東港成功的企業家——中小企業總會李育家會長，一起到屏東拜訪福灣巧克力。福灣巧克力莊園的執行長許華仁向我介紹屏東的可可，他說屏東有著優良的氣候環境與加工技術，得以製造出全世界加工里程最短的「tree to bar」（從可可樹到巧克力）歷程，從種植、發酵、加工到成品都在同一地區完成，賦予了巧克力獨有的風土特色。許華仁說：「在方圓四十公里之內，就可以完成產地到餐桌所有的製程，世界罕見，就是屏東巧克力先天的優勢。」

過去，許華仁在福灣莊園擔任行政主廚，在搜尋台灣食材的過程中，發現了屏東可可，又在義大利度蜜月時，品嚐了ＩＣＡ世界巧克力大賽的得獎巧克力，驚為天人，

返回台灣後，開始研發台灣的精品巧克力。

許華仁說，自己一開始也是以進口的可可練功，二〇一五年，開始採購屏東的可可豆來製作，福灣開始進入「bean to bar」（從可可豆到巧克力）階段，後來自己種起可可樹，在五年內走向「tree to bar」。

台灣味巧克力打世界盃

許華仁跟我分享，做巧克力要做到讓人難以忘懷，就要拿出最特別的食材，也就是在台灣才找得到的食材。例如許華仁就發現東港三寶之一櫻花蝦，跟白巧克力搭配，能碰撞出獨特的風味，此外福灣也開發了荔枝、抹茶、烏魚子、豆豉、茶、胡椒等特殊風味的巧克力，也獲得了上百面國際賽獎牌，讓外國人可以藉著吃巧克力來認識台灣的風土。

二〇二〇年由屏東主辦的ＩＣＡ世界巧克力大賽亞太區比賽，共有十四國家、一四八家業者參賽，在一九八個獎項中，台灣奪下一〇三面獎項，超過半數，其中屏東在地業者在競賽中獲得七金、十一銀、九銅及八面特別獎。從屏東可可的案例中，我們可以發現，即使不是規模最大、也不是成本最低，台灣仍然可以靠著精緻與創意，打造品牌，大放異彩。

許華仁的福灣巧克力已進駐台北一〇一賣場，郭副主委和我造訪時，華仁正準備當爸爸，二〇二一年三月初在南澳巧遇時，全家一起出遊並參訪茶籽堂。看到太太又懷孕了，真為他們高興，許媽媽臉上也流露出欣慰的表情，真令人羨慕。台灣的屏東適合種植可可，且已有很好的品質與產品，業者應同心協力，打造共好的巧克力世界，我期待有一天台灣的巧克力可以像比利時巧克力一樣在全世界發光發熱。

不隨波逐流的牡丹鄉鄉長，打造典範級的地方創生

牡丹鄉是台灣最南端的山地原住民鄉，依山傍海，有相當優美的自然環境，卻因

為山區交通不便，加上缺乏工作機會，導致長期人口嚴重外移。

卸任公職後的第一個地方創生之旅，就是和翡玉副主委來到屏東。一路上我們被暱稱為「創生姐妹花」，象徵我們二人在推動地方創生路上，有著共同的使命與緊密的合作關係。屏東是她的故鄉，她不但熟稔也在過去的工作經驗中結識了許多的「頭人」（台語），一路上如數家珍，讓我再次對台灣文官的專業由衷佩服。在牡丹鄉公所，我們看到了一個非常不一樣的「公部門」與「公務員」。

潘壯志鄉長與蔡重仁秘書，一

位是選舉出身的地方基層首長，一位是鄉公所最高層級的文官。重仁是牡丹的女婿，和鄉長有完全一致的理念，放棄升遷機會為第二故鄉打拚，他對牡丹的認同與使命，根本就是一個「insider」。

絕大部分選舉出來的鄉鎮長，為了選票、為了任期，所做的大半是積極爭取資源，向縣政府、向中央要補助、做建設、蓋硬體，愈多愈好。

潘鄉長說，比起大興土木用加法興建更多的鋼筋水泥建築，不如為牡丹鄉保留最純淨原始的風光，保存牡丹鄉天然的美景。因此，潘壯志鄉長推動地方創生的方式，是讓地方在好好維持原本的風土人情之下，進行屬於自己特色DNA的產業發展與文化保存。

牡丹鄉是屏東縣第一個提出且通過地方創生計畫的鄉鎮。二〇一九年五月二十四日，潘壯志鄉長帶著團隊北上參與國發會召開的行政院地方創生會報第五次工作會議。牡丹鄉所提出的「再造牡丹社歷史事件」、「里山林下經濟在原鄉」與「部落自然生態體驗」，都獲得國發會及與會的部會全體的支持。

「里山林下經濟在原鄉」計畫是由屏科大森林系陳美惠教授團隊，協同不同領域專家到牡丹鄉，導入適合山區且友善環境的養雞、養蜂和段木香菇的農牧技術，並且在高士部落成立台灣第一座社區型段木香菇菌種中心。

鄉長說，族人雖然聽不懂什麼是「林下經濟」與「混農林業」，但紛紛在專家輔導下，開始用對的方法養起紅羽雞、養蜂、養菇，逐步建立自有的林下經濟品牌，能在保存原有文化之下照顧生計。

牡丹的美令人陶醉，期待在產業振興之後可以留住人口，創造關係人口與回流客。潘鄉長與蔡秘書堅石般的合作，我見證了優質的治理模式，在人文地產景的整合下，尊重在地生活與環境，以永續為理念，公私協力，讓專家與資源進場，是一個非常正確的地方創生典範做法。牡丹鄉的地方創生路走得相當扎實，未來也有成為二地居的首選優勢與機會。我的恩師前司法院大法官王澤鑑教授和師母就深愛牡丹鄉的自然與恬靜，雖已八十高齡，每年都要造訪牡丹鄉數次，因為她值得一再一再的品味。

屏東咖啡交易所成就一杯好咖啡

屏東，是全台灣咖啡種植面積最大的縣份，也坐擁單一縣市最大有機咖啡的產區，共計三百六十五公頃，造就了三百四十戶的咖啡就業人口，可說是台灣有機咖啡的故鄉。

屏東種植咖啡的歷史，起源於日治時期，品質優異，一度銷回日本供皇室飲用。目前，屏東有六個聚落種植咖啡，分別是三地門鄉、霧台鄉、瑪加鄉、

泰武鄉、來義鄉與春日鄉等六個原鄉。過去各部落雖然都有種植，但數量有限，若自行後製處理及銷售，量小導致勢單力薄，很難賣到好價格；若各自採購空調儲藏、衛生包裝等設備，則負擔沉重。

屏東打團戰，組織咖啡聯盟

於是，潘孟安縣長籌組「咖啡屏東隊」，於二〇一六年成立「屏東縣原鄉咖啡聯盟」，在吾拉魯滋部落設立了「泰武有機咖啡產業館」與「吾拉魯滋部落咖啡屋」，是全國第一座符合國際標準製豆的處理場，同時也是全有機的咖啡豆處理場，農民採收咖啡豆之後，即可在這裡進行咖啡豆的後製處理。

二〇一九年八月，在泰武鄉公所提出結合咖啡與排灣族文化的事業提案後，我邀請了二位輔導委員、相關部會及屏東縣政府，來到屏東縣排灣族海拔最高的部落——泰武鄉的吾拉魯滋部落，實地參訪咖啡育苗、加工及銷售狀況。盼透過科技導入、企業投資及部會間資源的整合，讓咖啡產業六級化發展能在鄉內扎根，開拓泰武鄉獨特的原鄉咖啡品牌之路。

在現場，我們也實地參觀「屏東咖啡交易平台」的運作，當時與交易中心合作的莊園共有四十戶，面積約五十公頃，當農民將豆子送至館內，可在此進行包括選豆、農藥快篩、脫皮、水洗發酵、樣品烘焙、杯測、分級等程序，建立咖啡豆生產履歷，再由專業評鑑師定好底價，在「屏東咖啡交易平台」上進行拍賣。

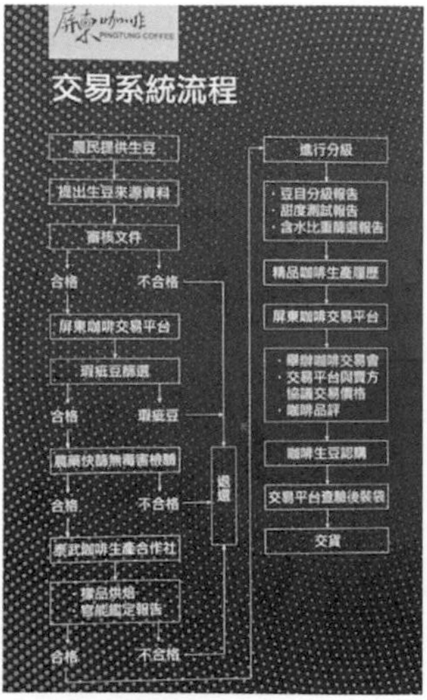

進入交易中心拍賣的咖啡豆，等級皆具備一定水準，由交易平台為品質把關掛保證，讓好咖啡的價值被看見，並透過公平公開的分級交易制度，鎖定有機精品咖啡市場，打響屏東咖啡品牌。

大農帶小農，創造正循環

在串連屏東咖啡的過程中，我們也看見青年返鄉，與家中長輩共同經營咖啡事業的例子。當中常見兩代協力，老農民負責種咖啡，年輕人則肩挑成立公司、建立品牌的任務，將新思維帶回故鄉。

除了跨世代合作外，屏東縣政府還採取了一個創新的做法，由縣政府培育種子部隊，撒進部落中，再由大農提攜小農，協助小農進行收購與整合，讓經驗得以傳承。

在這當中，咖啡產業群聚能夠彼此串連，同時進行人才的深耕，例如建立國際咖啡認證教室、培育評鑑師，扎實對接國際的基本功。此外，每年也舉辦「屏東精品咖啡評鑑」，促進咖啡群聚互動交流、成果驗收與互相激勵。

在年復一年的積累下，咖啡在吾拉魯滋部落成為一種文化與生活態度，成為這片山林慢活自在的精神象徵。屏東咖啡特色產業園區逐漸成形，串連屏東一八五縣道周邊景點，也帶動觀光熱潮，吸引世界各地愛好咖啡者來到這裡。

高雄

工業重鎮的新創生

高雄是一個擁有港都的海洋文化城市、也是台灣加工出口的製造業重鎮。原高雄縣市合併升格為直轄市之後的高雄是有國際機場、世界級海港的國際城市，但也有旗山老街、美濃永安老街、六龜光復老街等令人發思古之幽情的老街區，及那瑪夏、桃源等原住民部落。更有中山大學、高雄大學、高雄科技大學、高雄醫學大學、義守大學等高等學府，協助地方推動大學社會責任（USR），是個新舊融合、文化與科技並存的城市。

因此刻板印象中的高雄，在過去一、二十年歷任縣市長的努力下，已有長足的進步，除了新建設與創新外，高雄也經過歷史資產的盤點，注入許多文化藝術的養分，讓她不再只是重工業，還有駁二特區等深獲年輕人喜歡的場域。

孔夫子門前喝咖啡——孔廟芒果咖秋

左營的孔廟，位於左營舊城北門外的蓮池潭畔北岸，建於西元一九七六年，宮殿般的建築物莊嚴雄偉，是一個現代城市裡傳統儒家文化中心的建築。

「芒果咖秋」是雲林莿桐芒果咖啡延伸的文化品牌，「咖秋」便是指culture，那是廖思為夫妻為在母校正心中學開的課程名稱。

芒果咖啡從雲林農村紅到城市，來高雄孔廟展店，結合文化，「芒果咖秋」從餐點口味的設計都極其用心。打開菜單，就看到有「聰明包」、「考試粽」與「東脩三明治」，呼應孔廟的主題。下午時間還提供高檔店才有的三層式點心塔，塔上放的不是英式餅乾與蛋糕，而是番茄切盤、一口肉圓、菱角與蜜地瓜等台式點心。在飲品部分，有芒果、哈密瓜、西瓜、甘蔗與柳丁等口味的水果咖啡，正是芒果咖啡館的招牌。

美食結合文化，在古風大器的孔廟前喝咖啡、品甜點，用文化、藝術、設計為美食鋪墊底蘊，讓美食也幫文化、藝術增加了趣味，獲得美好體驗的消費者也因此受惠，創造三贏局面。

發明家「蚓菜共生」的神奇農場——旗山思原生態農場

二〇二〇年的二二八這天，我來到了一個發明家的牧場。

認識羅條原場主是在二〇一九年創業歸故里的頒獎典禮上，當初很好奇，但沒有時間深入瞭解，後來到左鎮岡林國小參訪時發現羅先生在學校旁的農地已有一塊試驗場域，當天是由羅太太陪同我們參觀的。現場八個像汽油桶大小的桶子分別養著不同大小的魚、還有蒐集的各種的廚餘發酵桶，也養了蚯蚓，管子連通到地底讓土壤、有機堆肥和蚯蚓共生，並作為蔬菜種植的養分，當天在場就吃到現場採摘蔬菜做成的沙拉，感覺十分的神奇！羅太太說，食物廚餘占廢棄物比例超過二成，甚至有高達百分之六十以上的水分，造成環境處理上有一定的難度。他們的做法是要遵循自然界循環生態平衡原理，讓種植與周邊的環境互動，減少二氧化碳氣體的排放、縮短碳足跡。

在旗山思原生態農場裡，所有的蔬菜都是不落地的，都種在羅條原老闆發明的「生態植栽桶」內。而這個「生態植栽桶」，在二〇一九年，獲得了「國際發明獎環境能源發明的金牌獎」，與「泰國國際最佳發明獎金牌」的肯定。

所謂的「生態植栽桶」，是「魚菜共生」與「魚蚓共生」的種植方式。簡單來說，「魚菜共生」是將養殖池裡養魚的水，經過特殊的過濾系統處理，讓保留植物所需養分的水來灌溉作物。而經過植物根部回收水分，送回到養殖池，如此循環，生生不息。「蚓菜共生」，則是用廚餘來飼養紅蚯蚓，再利用紅蚯蚓有益於土壤的活動與排泄，來替作物翻土與施肥。

羅老闆發明的組合式生態植栽器有以下幾個特點，一是與自然生態共生的設計，用環保與農業結合的思維，將廚餘類的有機堆肥及利用蚯蚓的生態習性，把困擾的廚餘當成高營養植栽的肥料，當作能源，提升廚餘價值。二是兼具廚餘處理與植栽施肥，因為蚯蚓在土壤內鑽動會產生鬆土的作用，排泄物也能成為有機肥料滋養植物，加上

植栽器的設計拆裝容易、移動方便，可以立體組裝，垂直、水平延伸均可，就像家裡有座小森林一樣，非常療癒且有樂趣，並可以直接品嚐無毒安心的蔬菜，真是一舉數得。

利用循環經濟與友善環境的做法，在魚菜共生、蚓菜共生及人工智慧互聯網監測系統下，羅老闆種植的蔬菜，不用額外施肥料和噴灑農藥，安全、有機且無毒。

農場同樣也養雞，與烏山頭能源牧場不同的是雞群是在戶外的空間與種植的果樹共生，生蛋的母雞則有棲息的場所，會自己到產房待產，不會隨意下蛋。每隻雞同樣頭好壯壯，非常的健康，二者都屬於自然的養殖法。場長夫妻還拿出他成功栽培的白草莓跟我分享，是甜的，一點都不酸。果然是農業的專家。

在商業模式上，農場也推出食農教育、DIY農事體驗及在地觀光小旅行，從二〇一六年開始，參與的人次已經超過一萬五千人次。此外，羅條原還在旗山外環道開起了原園日式涮涮鍋，所有食材都是來自思原生態農場，有極短的食物里程，食材新鮮美味，現場經常座無虛席，目前由二代經營中。

透過一場場的導覽與交流，羅條原不藏私地將自己實驗無數次得來的方法與經驗，分享出去。有好的理念、好的農作方法，除了賣食材，羅條原賣的也是一種理念與生活方式，讓消費者親自體驗，克服都會建築的難度，讓大家可以在家輕鬆種植，找到樂趣，也找到健康與永續。

高雄縣市合併升格後，原縣與市的都市縫合雖然已經過了十一年，但顯然還有相當的落差待弭平。六龜及阿蓮的創生計畫在我任內雖已通過，但都屬於解決眼前點的問題，尚無較高格局的前瞻內容，或許當時政治情勢尚不穩定，區公所也力不從心。另外，賴瑞隆立法委員算是在經濟委員會質詢最多有關亞洲新灣區整體發展的民意代表。他也曾邀我前往旗津，不論中央或地方政府都極力要再開一條通往旗津的橋，但我始終以為旗津的最大特色在於要搭渡輪的賣點，交通的便利反而會失掉優勢，大量人潮的進入也會破壞它的美好，何不優化渡輪的搭載，增加更多的趣味，因為快速絕對不是解決地方發展的唯一良方。

高雄還有一位我非常欣賞的王繼維（旗山老王），雖然我去拜訪了兩次，他的故事精采絕倫，但好像很難被代筆所以暫予割捨。

台南

不走老路獨一無二的文化首都

台南有著獨特的身世，曾經是台灣政治的中心，也曾經因為中央「重北輕南」的政策方向而落寞。然而台南人對自己故鄉的光榮感與自信心一直深植在心。二〇一〇年台南市以文化之名升格為直轄市，是台南另一個時代蛻變的開始。

對台南，我有很特殊的感情，從二〇一〇年到二〇一六年，擔任台南市政府秘書長，追隨賴清德市長，與台南一起走過縣市合併的前五年六個月。這二千個日子，雖然轉換幅度極大，卻也豐富了我的公務生涯，因為我有了第一線地方政府的服務經驗，著實對我後來規劃及執行地方創生計畫，有相當啟發與養分。

清廉勤政，傳承創新的核心施政理念

二〇一〇年賴清德先生競選第一任直轄市長時提出「文化古都、低碳城市、科技新城、觀光樂園」四大施

政方向，他心目中大台南的未來，是要讓青年看見希望、壯年實現夢想、老年擁抱幸福。在他的施政白皮書首頁引用台南著名文學家葉石濤的一段話形容台南是「一個適於做夢、幹活、戀愛、結婚，悠然過日子的好地方。」所以他希望大台南不必複製台北，也不須模仿台中、高雄，她是一獨一無二的城市，應該擁有自信與自己的方向，以一貫悠然步調走出特色。這就是地方創生，也是城市的DNA。

縣市合併最辛苦就是城鄉的縫合，鄉鎮擔心被邊緣化，都會擔心資源被剝奪，賴清德市長任內（他在二〇一八年九月接任行政院長，實際擔任市長時間是六年九個月），台南市民的光榮感與認同感，創下新高，人口數也逐年增加，是南部各縣市人口唯一成長的城市。但他離開後，人口數就開始急速下墜，令人不解。

國發會開始推動的地方創生非常強調「由下而上」，但擔心地方力量的整合如果過於緩慢可能會影響推動的績效，於是和負責的同仁討論後決定選擇兩個鄉鎮由上而下的前往輔導，這兩個城鄉就是宜蘭的三星與台南的左鎮。

偏鄉的偏鄉，正在用教育翻轉命運

左鎮位於台南市的東南方，區內地勢雖不高，但地形卻是高低起伏，缺乏大而平坦的平原。著名的景點有菜寮溪的化石館、美得像潑墨畫的草山月世界，以及二寮的日出奇景。但終究不敵人口的流失，在台灣人口議題開始被關注後，左鎮被稱為「極限村落」，意指農村因人口外流導致空洞化、高齡化，六十五歲以上人口超過半數。二〇二一年二月，左鎮人口數為四千五百四十三人，老化指數全台第三高，街上多是空屋，有好幾個里成為「無子村」，一年當中完全沒有新生兒。

從先天條件來看，左鎮多白堊地形，乾燥、坡陡、植被稀疏，農業發展不易；加上全區納入曾文溪水質水量保護區，在限制開發之下，沒有工廠，也就沒有就業機會。人口外移與老化是應然也是必然。

賴市長遠見翻轉極限村落、左鎮化石園區啟動地方創生

二〇一四年賴市長順利以高得票率連任。有鑑於他在第一任所提出的政見已一一落實，於第二任就任時他提出了更宏觀的規劃願景，其中有五個文化園區是最令人驚豔的地方。這幾個園區的建置並非由零開始，而是檢討現有狀況後給予更大的加值。包括位於南區的「水交社文化園區」、新化區的「大目降文化園區」、玉井區的「噍吧哖事件紀念園區」、中西區的「赤崁文化園區」以及左鎮的「左鎮化石文化園區」。除赤崁園區涉及遺址的施作需要較長時間外，其餘四個均已陸續完成，左鎮化石園區已在二〇一九年正式啟用，當年正好是台灣地方創生元年。

我在左鎮有一群民間好友，包括農會的理事長、西拉雅正名委員會的委員、校長等，所以我常去左鎮。化石園區開幕前我去了兩趟，

圖／台南市政府文化局提供

規劃當時是延用孔廟與忠義國小共存的概念，讓光榮國小與化石博物館合一，讓校長兼任館長，讓學生可以融入文化、歷史與科技的學習第一現場。

兩百多年前，左鎮是一座湖。這座大湖，在連日大雨過後，暴漲的湖水決堤而出，湖水往外洩流成大大小小的溪流，菜寮溪就是其一。菜寮溪以蘊藏豐富古化石聞名，曾出土早坂犀牛、台灣長吻鱷、台灣麋鹿等動物與在地原始人左鎮人的頭蓋骨與台灣第一隻狗的化石，迄今出土超過三萬件以上的化石。

數十年前，五年級生的左鎮孩子都有一個共同回憶，就是在溪邊玩的時候，一旦發現觸感不一樣的石頭，就拿去給熱愛化石的「化石爺爺」陳春木老師，可以換筆記本、鉛筆等文具。陳春木老師致力於蒐集化石，並協助學者進行研究，後來受聘於「菜寮化石館」擔任顧問。

教育與文化攜手翻轉左鎮

園區裡，除了觀賞動植物化石，還可以體驗許多互動裝置，瞭解化石知識。化石園區從開幕以後，第一年營收就超過一百萬，為地方保存了文化，也帶進了人潮，也為附近的農會與餐廳帶來不少生意。

結合科學考古、教育推廣以及觀光休憩功能的左鎮化石園區，奠定了左鎮「化石原鄉」與「化石研究基地」的定位，為左鎮帶來新的商機、活力與可能性。尤其可以讓光榮國小的小朋友，不但將左鎮與台灣文化內化成為他們對家鄉的認識，也可以透過雙語教學導覽，養成國際觀及與外部互動的能力，這就是地方創生的本質。

圖／台南市政府文化局提供

搭乘科技力起飛的小校——左鎮國中

左鎮除了有光榮國小校長，為鎮上保存與推廣化石文化外，左鎮國中蔡宜興校長與香港科技大學合作把無人機的學習課程帶進校園，提升學生的學習動機，也讓小校的招生人數逆勢成長。

因為人口外移與少子化，左鎮國中全校學生人數剩不到六十人。蔡校長表示，因為偏鄉學校的學生學習成就普遍不佳，傳統課程學習效果有限，因此導入無人機課程，增加學習的誘因，讓學生除了操作飛行外，也學習設備的修復與製造，包括從焊接、電路與組裝接線，在過程中培養自信與解決問題的能力。

自從導入無人機課程，有英文從來考不及格的學生，為了讀英文文件自學，英文終於能考及格了；也有同學用空拍的技術幫助社區，幫忙找屋頂的破洞，以及出各種任務；也有本來靦腆、不善社交的孩子，透過無人機課程變成空拍專家，經常到社區支援空中攝影，也到其他學校幫學生上課，變得勇於表達，在人際互動上有很大的進展。他們曾經用無人機將更偏遠沒有郵局的農產品載送至郵局，再寄到國發會送給我，當時還引起立法委員關注提出質詢，表示不可思議。

除了無人機，蔡宜興校長還抓緊資源與機會，導入程式語言與機械課程，同時也帶學生進行攀登合歡山主峰與北峰、單車環島、溯溪、攀岩等戶外挑戰，鍛鍊學生的心理素質，也建立團隊合作、達成夢想的成功經驗。

豐富的主題式教育，吸引鄰近善化、新化甚至原台南市市區內的家長把孩子送來跨區就讀，左鎮國中目前有三分之一的學生來自外地。發揮小校的優勢，以小班制的多元課程，點燃學生的學習動機，讓孩子在實作與解決問題的過程中學習成長，也減緩了學校招生人數的危機。蔡宜興校長說，在學習的過程中，他希望讓偏鄉的孩子們感受到：「就算慢，只要我們一直往前走，終究還是會抵達。」

教育是地方創生的最後一哩路，左鎮國中做了最好的示範也是標竿

除了教育，左鎮區公所也引進魚、蚓、菜共生農法，並針對當地特產葛鬱金、萬壽菊等埅地新農業進行產品開發，例如葛鬱金面膜、葛鬱金麵、萬壽菊茶等商品，提高農業附加價值，增加農民收入。路正在走，還要持續不斷的前進。

點石成金，菱角殼變烏金

台南市官田區主要有兩項特產，菱角與水雉，兩者息息相關。

官田作為烏山頭第一道出水口，優良的水質孕育品質最好的菱角，是台灣菱角的主要產地，占全台總產量約七成，不但非常甜美且果肉相當扎實。而水雉是復育中的二級保育鳥類，一度剩下不到五十隻，又稱「菱角鳥」、「菱波仙子」，經過努力的復育目前已有相當的數量，也是台南市的市鳥，主要棲息地就是菱角田。因此，官田菱角田的種植方式和環境保護，與水雉的存亡息息相關。

官田區區長顏能通是我在台南市政府服務時，經由全國首創的「區長儲備制度」所選拔出來優秀的區長之一。他待過科學園區，也在環保局服務過，對於廢棄物的處理有獨到的見地。他是「菱殼炭」的幕後重要推手。

顏區長說，官田一年約有五百噸廢棄菱角殼，相當於八十個二十呎的貨櫃體積。這些廢棄的菱角殼都跑到哪裡去了？

用創新把問題變成答案

顏能通區長回想起以前，這些大量的廢棄菱角殼，會讓官田人如此頭痛，是因為它們屬於農業廢棄物，並非民生垃圾，因此無法交由清潔隊處置。所以過去路過官田，總是會看見田邊、馬路旁堆放著一堆堆黑牛角般的菱角殼，久置後發散異味。改用焚燒又會產生空汙，叫農民不知如何處置，也降低了居住環境的品質。

能通以他想解決問題的決心，獲得成大化學系特聘教授林

弘萍的協助，經過一年的實驗，開發出經濟且實用的炭化設備，將「菱角殼」燒製成「菱殼炭」這種生物炭。

我跟隨區長、教授前去參觀炭化設備，只見農民將菱角殼倒入鐵桶，放上助燃的龍柏，點火後高溫的氣體隨管線上升並蒐集，待溫度上升至一千度後，需要澆灌冷水以熄火冷卻。整套系統的氣體排放與冷卻水的回收再利用，符合環保標準，並無空汙與水資源浪費的問題。

經過所有流程、製作完成後的「菱殼炭」，臭氣吸附效果比坊間竹炭高出百倍，成本卻更低廉。除了能夠去味、除濕、改良土壤與淨化水質外，還可用來製作異味吸附包、涼感頭巾、抑菌口罩、生活薰香、水泥盆栽等生

活與文創商品，或使用在農耕的施作上，有保濕保肥的作用，幫助農友減少化肥及農藥的使用，創造更有利水雉棲息和生長的環境。

能源牧場的共生機制

在科技導入與社區協力下，垃圾變成了「烏金」，一年為社區賺進百萬。製作菱殼炭與裝填除臭包的過程，也為長者製造社區活動與工作機會。顏能通區長的目標在藉由新的就業模式，讓社區長者賺回健康與活力。

顏能通區長也帶領大家到官田在地的特色據點參觀，所有產業

均緊扣當地的DNA——「菱殼炭」—元素。我們來到烏山頭能源牧場，綽號「黑人大哥」的薛連豐先生原本是一位從事營造的建築廠商，他放棄賺錢的機會，關心氣候變遷，也關心台灣農業，將乾淨能源的發電與牧場相結合，在屋頂上設置太陽能光電板，下方則是屋頂挑高且空氣流通的雞舍，以及種植木瓜與蔬菜的溫室。此外，將菱殼炭調入雞飼料中，具有整腸的作用，將菱殼炭鋪墊在地面上，則可消除雞糞的異味，整座雞場完全沒有臭味。他養的雞每一隻都頭好壯壯，取名叫做「發電雞」，做成的雞精銷路非常好，有品牌也有粉絲團。牧場上方的太陽光電採半半鋪設方式，讓陽光依然可以照進牧場與農場。他表示，自己賺百分之五十賣電的收入就好了，因為他要的是整個生態環境的重整，而不是賺取最多的收益。年輕高顏值的女兒怡婷，現在也加入爸爸的團隊協助行銷，更提供許多的工作機會給在地的居民。

過去，官田除了環境問題、人口老化，一條縱貫鐵路貫穿其間，更導致半數官田人生活圈往麻豆靠攏，另一半則往六甲跑。官田面臨能量外擴、無法在地凝聚的問題。菱殼炭以烏金點亮官田，各社區認股官田烏金合作社，固定以每公斤四元收購菱角殼，派車到各社區去收殼，再由官田十個衛星工廠負責加工，整個官田因此動了起來。一個循環經濟，不只構成產業，更重新凝聚了官田人的士氣與能量。

再接再厲，官田的明天不是夢

去年離開公部門後，我數度造訪官田。

台北的夏季多有午後雷陣雨，而近年來新興的共享經濟之共享機車，在北部都會地區是年輕人常用的交通工具。依法規，騎機車必須戴安全帽，當汗水與雨水混雜的安全帽，被放在潮濕的置物箱中，下一個使用者就會有不好的使用經驗，甚至會被異味驚嚇到。我發現菱殼炭「造粒」加上「精油」的新產品，或許可以提供解方，因此邀請共享機車的新創業者前往官田瞭解是否有合作或共同研發的可能性，啟動「新創×地方創生」的共學共好機制。

於是我又來到了官田。數月不見，我看到大賣場全聯已在官田開業、住宅用地也開始興建，距離南科不遠的官田已成為一個移居宜居的地方。大隆田生態文化園區媲美大安森林公園，成大畢業後在官田創業的政憲，努力許久的「菱炭森活館」在二〇二一年三月底也正式開幕；能源牧場的食農教育體驗與「官田171跟菱在一起」遊程也完成規劃；來自高雄與淡水一南一北的姻緣在台南官田交會——藝農號的建叡與婉慈小夫妻，大學畢業後留在台南創業，目前也逐漸步上正軌。整個官田地區還有崑山大學楊泰和教授的USR計畫加持，我非常感動也非常有信心，一群有共同願景的志同道合夥伴攜手前行，台灣的地方創生生命力就在此。

來自溪北大新營區的地方創生計畫在我的任內通過，這個計畫結合在地的返鄉青年，以教育為核心，發展食農教育、生態教育、科技教育等實驗教育。從後壁黃雅聖

的璞育塾出發，讓一些有科技背景的年輕人直接進入正規教育，一方面也減輕學校老師的負擔。產業部分也和無米樂的美雪合作共同打造大新營區的新面貌。要讓偏鄉不再是偏鄉，除了科技導入，就是教育，文化古都的台南正在用教育翻轉城鄉落差。

嘉義

復育林業文化的新體驗

二〇二〇年由民間發起的首屆「台灣地域振興聯盟年會」在嘉義市舉辦。那兩天大約有七、八百人湧入嘉義市，飯店旅宿一床難求。年會的其中一個環節是「地方創生小旅行」，把所有與會者分成十九組，跟著領隊做市區主題走讀，認識有木光之城美喻的城市——嘉義市，包括有「當代木作的實踐力」、「百年東市場巡禮」、「平安咖啡串起社區連結」、「城市品牌與美學風格」等等。活動結束後，我聽說當地的所謂「地方創生團隊」被喚醒了，慢慢開始發酵中，這是年會的震撼力與附加價值。隨著造訪嘉義的旅人不斷的增加，年輕一輩開始有新思維帶動地方的經濟向前推升，我們樂見此一氛圍的興起。

嘉義可以稱為「木光之城」，有著台

圖／嘉義市政府提供

灣過去林業發展的歷史軌跡，我曾追隨歷任院長參訪過林務局所屬的許多林業開採與製作的遺跡，林華慶局長也非常用心的在努力修復。據統計嘉義市有六千多棟木構老建築，目前已經修復整建的房屋都保留原有的風華與韻味，去年十月剛啟用的美術館就讓在地人及出外打拚的嘉義人感到驕傲及自豪。這座定位為社區美術館的新地標，賦予這座建城於一七〇四年，至今已逾三百年的老城有了新生命。

圖／嘉義市政府提供

嘉義市有先天的困境，跨境整合是她唯一的出路，但行政區劃侷限了她大腦的運行，政治絆住了她手腳的活動，如何在「小」、「舊」當中找到優勢，是嘉義市的課題。

木光之城裡的記憶——檜意森活村

檜意森活村位於嘉義市市中心，是台灣第一座以森林為主題的文創園區，原為日治時期台灣總督府營林局嘉義林場宿舍區，以共和路與林森東路間原林務局宿舍整修而成，是台灣最早的林業村。

嘉義因為阿里山豐富的林業資源，日治時期與太平山、八仙山並稱台灣三大林場，可以說是一個「木光之城」。為了搬運木材，興建阿里山林業鐵路，目前嘉義至阿里山鐵路長約七一・四公里，成為世上著名的登山鐵路之一。林業鐵路的起點在嘉義市北門，林森路就是當時的「木材街」，在日治時期開滿木材加工廠，木材的加工與買賣，為嘉義帶來空前的繁榮，更被列為台灣四大都市之一。

我在二〇一九年十一月來到檜意森活村，秋天的嘉義天氣相當晴朗。走在歷時四年、耗資四億整建而成的檜意森活村裡，二十九間日式木造建築林立，每一間平房都有各自主題，商家大多販售與林業相關或雲嘉南地區的特色產品，有小吃、餐廳、咖啡店、土產店、和服店、名品冰淇淋、電影 KANO 取景地……等，如果要全部逛完，需要花上兩到三個小時。

透過老建築物的整修與空間活化，保存林業文化，也讓來到嘉義的遊客們，多了一個適合親子共遊的場域。可惜當夜幕低垂時，這個地方就不再營業，無法營造另一種美感與生活的需求。嘉義市的「阮劇團」非常有潛力發展定目劇，或許可以集思廣益創造另一種可能。

嘉義市的地方創生正在萌芽中，翻開地圖，我們發現嘉義市位居雲嘉南的中心點，她的服務的對象輻射出去，當然不以設籍的市民為限。就像嘉義的醫療資源豐沛，一年雖僅有一千個新生兒在嘉義市設戶籍，但嘉義市的婦產科每年接生超過四千位嬰兒，足見其發展潛力所在。面對行政區劃與政治的羈絆，嘉義市需要的是更大器的突破困境，放大優勢、消弭劣勢，用生活圈概念推動地方創生。我對於嘉義市地方創生的推動是有信心的，因為我看到一群熱血的公務員正在努力中。

雲林／

青年走進專產好物的台灣糧倉

雲林是台灣的農業大縣，全台有三分之一的農產品由雲林縣生產，雲林務農人數占全縣人口總數百分之四十九．七，是全台之冠，有農業首都之稱。而作為「台灣的糧倉」，我們屈指一數就有古坑咖啡、西螺醬油、口湖台灣鯛、斗六文旦、北港花生、台西的文蛤等，都是雲林好味道。

雲林人口外流非常的嚴重，每每在選舉時，我們就可以看到競選者必須到新北市拉票，據說新莊、板橋、三重等地的雲林同鄉會力量足以撼動雲林的選情，是兵家必爭之地。留在雲林的產業以第一級的農漁業、糖業為主，雲林的第二、三級產業，相對於西部各縣市規模較小。因此，如何從優勢的富饒的物產為基礎，做出品牌，或以智慧農業翻轉新產業，創造就業機會，正是雲林現正面臨的地方創生挑戰。

二〇一九年十二月底，我在國發會產業發展處詹處長的陪同下，透過AAMA的創業家龔建嘉的安排來到雲林。阿嘉幫我糾集了雲林落地的十餘位青年在綠色隧道的古坑休息站和大家見面分享及討論。那次的聚會翻轉我過去的印象，其實很多年輕人已在地創業或成為新一代的農產品代言人。他們共同的特色是不太和公部門交流，自己默默的扎根，很令人感動，隨後我去了阿嘉的牧場，也聽了他們的故事，相約一定要再造訪雲林。離開公職後，我已去了雲林兩趟，走訪了五、六個場域，體驗更深更廣，也更有溫度。

記住黑豆醬的滋味——御鼎興醬油

醬油重鎮西螺鎮，因為鄰近濁水溪，水質好、日照足，再加上有質地優良的地下水，於是形成了獨特的米食文化，與卓越的醬油釀造技術。

在西螺製醬邁入第三代的御鼎興醬油，是台灣唯一純手工柴燒做的黑豆釀製醬油。第三代接班的製醬師是一對同一個模子刻出來的兄弟——謝宜澂與謝宜哲。

弟弟謝宜哲說，自己畢業當完兵剛回家裡工作的時候，常常被問是不是工讀生。

因為大家覺得製作傳統醬油是辛苦的，沒有年輕人願意回來接。走進製醬廣場，在太陽日曬下的醬缸溫度高得有點燙手。謝宜哲說這就是傳統黑豆醬珍貴的原因，一定要一缸缸日曬，釀造的過程需要一個大平面來排擺，所以產量相當有限。黑豆醬的味道甘醇芬芳。他說因為傳統黑豆醬市占率正在下滑，傳統手工醬廠正在漸漸消失，如果什麼都不做，當中很多寶貴的傳統技藝，也會逐漸走入歷史。

「我們跟消費者的關係，不能只是單純的買與賣，而是要傳達當中的文化。」於是兩兄弟開始不只是製醬，他們開始透過帶導覽、辦刊物、辦展覽、辦餐會，尋找台灣醬油文化DNA，就是為了傳承黑豆醬。

一開始，靠著哥哥謝宜澂每週到處跑市集，推廣傳統黑豆醬，效益有限。兩兄弟決定要把消費者帶來產地，於是創辦了「飛雀餐桌行動 Future Dining Table」，以自家醬油、雲林在地小農食材與小吃食品入菜，每個月邀請三十位客人一起吃創新的「全醬油蔬食台菜」，「食材是媒介，人才是主角」，在餐會上，用料理交流，凝聚

了西螺在地人的精神，也創造在地的味道記憶，每每一推出就銷售一空。

兄弟倆寫透過「找故事」來串連地方的人與事，出版了報導在地人文風土的《阿溪誌》雜誌，也成為《雲林食通信》的團隊成員，常需要大清早跟著農民們採訪，卻也因此找到許多跨界串連、為西螺打拚的夥伴。除了一起規劃「飛雀餐桌」，也用在地柳丁釀製「柳丁黑豆醬油清」，還與甘樂文創的「禾乃川豆製所」聯手合作，與在地農民無毒契作，以大火文燒味噌與醬油，製作出兩家聯名的「味噌御露醬油」。

兄弟倆還號召組成「傳統釀造文化發展協會」，從二〇一九年開始，連續兩年與九家製醬業者聯合，舉辦了「島國純釀・醬業聯展」。漸漸的，我們看見傳統黑豆醬的價值開始被看見，御鼎興的「濁水琥珀醬油」在二〇一七年獲得歐洲iTQi最高米其林三星獎，一瓶「裸醬」售價一九八〇元，還常常賣到供不應求，預訂的單子排滿滿。

家樂福文教基金會執行長蘇小真在台灣地域振興聯盟第一屆年會分享時說，一瓶三百多元的御鼎興醬油和旁邊平價一百元上下的一般品牌醬油並排在架上時，是御鼎興最先要補貨。

謝氏兄弟的努力，是用跨界串連，保留文化傳承，是軟硬兼施、借力使力。一邊傳承製醬硬技術，一邊陶冶其中的軟文化，也聯合在地、同業與各界地方創生夥伴的力量，共同建構台灣黑豆醬油新品牌。這是一個典範的地方創生案例，也是一個二代接班成功的案例。

如何介紹自己，宜哲說：「我們是御鼎興手工柴燒黑豆醬油，在西螺已歷經三代，擁有六十年的歷史，專情地照顧好每一顆黑豆，最後以文火柴燒醬油，我們不只穩定，更追求完美。」

乳牛醫生的白色革命——鮮乳坊

第一次喝到鮮乳坊的牛奶，是二〇一九年夏天一場AAMA導師的聯誼活動，那天的活動的主辦人小花執行長，非常貼心的把學員家的產品做了完美的組合，藉著那一小瓶的牛奶，我認識了龔建嘉。這個高大帥氣的創業家，居然是一位獸醫師，平常全省跑透透，看病之外也要接生小牛隻，特別是難產的案例。由醫師到食品的創業家，他一定有過人的能力與支持他的家人，包括有藥師執照的老婆。

雲林崙背鄉，是台灣四大酪農區之一。一九七〇年代，政府為活化農村剩餘勞力，曾經要在雲林打造台灣最大的酪農專區，但東風不備，這個計畫並沒有成功，但崙背鄉酪農產業聚落業已形成。如今，崙背鄉的酪農發展已經邁入第四十個年頭，每年創造數十億元產值，鮮乳產量占全國十分之一，許多牧場的傳承也邁入第三代。

過去，許多酪農都是把生乳直接銷售給大品牌，這樣的模式卻在二〇一四年遭遇危機，一個轉彎，也促成擔任「乳牛醫生」的獸醫師龔建嘉，創立了鮮乳坊。

二〇一九年十二月，我跟著鮮乳坊的創辦人龔建嘉的腳步，造訪雲林崙背的嘉明牧場及許慶良牧場。龔建嘉跟我分享，在二〇一四年食安風暴發生時，他是各個牧場的乳牛家庭醫生，在現場感受到牧場主人的焦慮，明明都是照流程來，就因為交乳給特定品牌，受到食安風暴波及，產品的價值與農場的尊嚴都受到考驗。於是不少牧場產生往「自有品牌」發展的轉型動機。

龔建嘉說，當時他也發現，有幾家牧場的乳牛頻頻發生乳房炎，探究原因，是因為擠奶設備老舊，使用年限二十年的設備，運作了三十五年還沒退役。再追下去，在大品牌的採購價格下，無力更換設備。加上，市面上的鮮乳，都是將多家牧場的生乳混合之後，經過加工統一風味，生乳的品質無法反映在終端產品上，做好做壞價格都一樣，久而久之，就會導致劣幣驅逐良幣。

乳牛的乳房炎背後，原來不是生理與用藥問題，是產業的結構性問題。發現問題所在，龔建嘉決定接球，在二〇一五年一月，展開「白色的力量：自己的牛奶自己救」群眾募資，獲得六〇八萬的資金支持，成立了鮮乳坊。

鮮乳坊成立後，龔建嘉做的第一件事，就是公平交易。跟酪農們公開透明的討論，依據飼養方式與條件，訂出合理的收購價格，讓乳牛可以獲得更好的照顧，產出更高品質的鮮乳。龔建嘉說：「因此，鮮乳坊提供的收購乳價高於行情百分之二十，是全台最高。」

鮮乳坊的產品的一大特色，就是標榜「單一牧場來源」、「成分不調整」。包裝上除了「鮮乳坊」的品牌，還會寫上「許慶良牧場」、「嘉明牧場」等乳源，讓整個生產過程透明化，讓消費者安心，酪農也能為自己產品的品質負責，因為產出好的產品而被消費者知道。

合理的收購價，讓酪農能夠添購更先進的設備，也讓牛隻能享有更舒適的飼育環境。阿嘉牧場的牛隻都戴著感測器，透過物聯網設備，可隨時監測牛隻的健康狀態；合作牧場有的添購了刷背機，幫牛隻舒壓按摩；有的是導入電子計步偵測器，以及小牛自動餵乳機器人等科技設備。先進設備讓酪農能隨時監測乳牛的生理數據，並提供即時照護，成功提高產乳率及品質。這就是科技導入的最佳範例。

我在嘉明牧場看到正在執行擠乳工作的專業技師，嫻熟的作業流程，更重要的是他們都是非常年輕的臉龐，科技改善工作環境，讓年輕人願意投入，是多美麗的場景！

如今，鮮乳坊成立六週年，年營收超過四億，共有五家合作牧場，每天有兩千隻乳牛在生產鮮乳，合作業者包括全家便利商店、天仁茗茶、Lady M和家樂福等，更在二〇一九年獲選為米其林亞洲唯一的乳製品合作夥伴。

龔建嘉與他的夥伴看到產業的問題，並沒有妥協於現況。而是在市場端以透明且創新的方式，重新溝通鮮奶的品質與價值；在生產端則藉由公平交易與科技導入，提升整個產業。雙管齊下，解決結構性問題，創造多贏。當中的精神，就像鮮乳坊的核心理念說的：「叛逆跳出限制，堅持做對的事。」

毛巾故鄉的下一步

台灣毛巾的黃金時代，在一九七〇到一九九〇年代，當時內需市場蓬勃，外銷訂單也絡繹不絕，全台有約八成國產毛巾出自雲林虎尾，全盛時期虎尾共有近兩百家毛巾工廠，讓虎尾鎮擁有「毛巾的故鄉」、「台灣毛巾窟」與「巾都」之稱。

二〇〇二年，自台灣加入ＷＴＯ之後，貿易對外開放，國產毛巾不敵外來毛巾的低價競爭，加上製造業西進的衝擊，台灣毛巾產業快速凋零，家數銳減至二十多家。

地方政府持續嘗試扶植虎尾毛巾產業，二〇〇八年開始，透過「地方產業創

新研發輔導計畫」（SBIR），投入毛巾產業的補助金額，超過兩千萬。

在毛巾業者紛紛跨入二代接班之際，蘇治芬立法委員堪稱是最關心這個產業未來的民意代表。她不斷在經濟委員會質詢，也在其他場合呼籲政府正視。我想，如果經濟部給力還是難以突破，地方創生會不會是唯一的解方？於是我數度前往虎尾訪視，也邀請最具品牌設計力的電商平台Pinkoi的創辦人顏君庭帶著資深設計師一同去會診，溝通交流後，發現毛巾產業的未來發展確實存在著困境。

首先，毛巾和紡織業一樣都有布料染色的需求，但染布會排放汙水，對環境有影響，需要用科技讓這項工業可以升級，但成本太高，業者多半卻步；其次，台灣毛巾的需求，殯葬業者占了大宗，對業者來說，不需要做任何改變，還是可以溫飽。最終還是後繼無人，雖然部分廠商進入二代接班，且二代都有傳承的意願，但學校教育課程欠缺有系統的銜接，未來這個產業的人才在哪裡呢？

數位經濟時代，除了科技導入外，還需要建立生態系。毛巾產業在台灣，如果只著眼於國內市場是一種策略，但如果要走向國際，則需要更高的視野與方法。每一個人每天都會用到毛巾，且不只一次，也非固定一處，它是民生必需品，隨處都有需求，因此，供需與市場選擇都應該有完整的策略。期待這項代表虎尾DNA的毛巾產業可以從local的毛巾節蛻變為有前景的地方創生產業，政府的政策引導與接班人的決心是關鍵。

古坑咖啡的文化復興

全台灣最完整的咖啡栽種歷史，就收納在雲林。早在日治時期，日本人就開始在古坑荷苞山栽種多達三百公頃的「阿拉比卡」品種咖啡，在當時成為進貢日本天皇的高經濟作物；一九五八年的美援時期，雲林縣經濟農場獲美援經費，興建斗六咖啡工廠，擁有當時最先進的設備，一度成為「遠東最大的咖啡工廠」。在此之後，古坑作為台灣早期的咖啡發源地，也帶動台灣咖啡的發展風潮。

如今，全台各地咖啡產地興起，像是嘉義阿里山、台中東勢與和平、彰化八卦山、屏東霧台、台南東山、南投國姓，以及花蓮與台東等地，都種有優質的咖啡。在台灣咖啡百家爭鳴，品牌被分食的狀況下，雲林古坑要如何保持咖啡始祖產地的優勢，成為挑戰。

二〇二〇年跨年的前一天，我來到雲林的草嶺，接送我的朋友說，車程要一個半小時，心想我並沒有離開雲林，怎麼可能這麼遠？原來我是要從平地到海拔一千二百公尺的山上，山路環繞，當然需要較長的時間。

一路從陽光普照到煙霧瀰漫，能見度趨近於零的視線，緩緩上山，坦白說我沒有做足功課，因為我並沒有厚重保暖的衣服。然而一路上山後的剎那，我看到了陽光、看到了藍天，原來我已經度過騰雲駕霧的層級，升上了萬里晴空的境界，非常美妙的體驗。我準時抵達嘉義古坑鄉與阿里山交界處的嵩岳咖啡莊園。

嵩岳咖啡是咖啡競賽的常勝軍，位於海拔一二〇〇公尺，是目前種植咖啡海拔最高的產地。在這裡，日夜溫差高達十幾度，讓這裡的咖啡從開花到成熟比低海拔的咖啡多了兩個月以上的時間，卻發展出獨特的質地與風味。

進入莊園，看到第三代接班人郭章盛夫婦及郭家的長輩郭爸爸與郭媽媽。兩老坐在有陽光照射的地方，聽著廣播，一邊揀豆，把賣相不好或有瑕疵的豆子一一挑出來。熟練的指法可以看出他們非常的專業與嫻熟。郭太太忙著煮咖啡請我們喝。

我看到三合院的廣場上鋪的是紅色果實的咖啡豆，在接受自然陽光的照射，和曬穀場的情景相同，只是豔麗的紅色，更顯生意盎然！

找一個陽光充足的地方擺上桌子與椅子，我們一邊品嚐著嵩岳知名的「藝伎」咖啡，一邊聽著莊園主人郭章盛，分享當初如何與咖啡結緣的故事。郭章盛說，一九八〇年時自己住在古坑石壁種茶，聽家中長輩說，日治時期，日本人在古坑荷苞山種滿了咖啡，但在日本人回去後，在地人紛紛砍掉咖啡樹，改種痲竹筍。好奇心旺盛的郭章盛，於是跑到山上找到咖啡遺株，嘗試栽種，兩年後還真的種出了鮮紅的咖啡果來。

在九二一震災之後，當時候的古坑鄉鄉長謝淑亞為振興地方產業，大力推廣具有歷史文化的古坑咖啡。郭章盛決定改種咖啡，從日本人引進的「阿拉比卡」種起，如今在他的咖啡園已有三十多個品種的咖啡，後來引進衣索比亞的「藝伎」咖啡，更為他拿下全國咖啡生豆的總冠軍以及美國的精品咖啡認證的榮耀。

嵩岳咖啡在國際賽事上持續獲獎不斷，更在二〇一八年，CQI國際精品咖啡協會認證獲評八七．五八分，獲得全球排名十六、亞洲第一的殊榮。郭章盛說：「在我有生之年，目標是把台灣咖啡送進全球排名前十名。」沒想到在二〇二〇年，嵩岳咖啡獲CQI國際精品咖啡協會認證八九．二五分，獲得全球最高分，世界排名第一。

郭章盛也與我分享，在咖啡種植上遇到的困境。咖啡的採摘需要大量的人力，他的土地海拔高，更難尋到人力，所以，雖然擁有四十公頃的土地，卻只能種植五公頃。又因量少質高，他的通路是靠自己直接向國外著名的咖啡廳或飯店寫信推薦取得訂單，再直送產品給對方。在台灣，他的兒子在台中開了一家咖啡館專賣自家的咖啡。

在參觀他的咖啡園時，郭章盛先生不只是一個咖啡農，更是一位植物專家，除了細說導覽各種咖啡的品種，說明它的差異性外，他的植物學知識不僅豐沛，且有許多實作的案例，特別是他的接枝技巧，令人瞠目結舌。另外，我也品嚐了新鮮的咖啡果實，非常的甜美，很難與苦苦的、咖啡豆連想在一起。

台灣人喝咖啡的成長量相當驚人，記得星巴克剛引進台灣時，咖啡變成一種時尚，之後超商也賣咖啡，滿街都是咖啡店，喝咖啡已成為台灣的常民飲料與生活文化。有需要就會有人種植，但因產量少，銷售、通路都是困難，我走訪各地，提出最多的地方創生產業，非咖啡莫屬。除了屏東由公部門整合，並成立交易所外，各縣市的咖啡產業還是各憑本事。記得在國發會地方創生平台的輔導會議時，主政的農委會官員還曾表示，請地方不要再種植了，因為沒有市場，這番見解受到地方相當的反彈。

而我的觀察是，既然台灣的土地適合，且已有如此卓越的咖啡種植與烘焙技術，雖然我們沒有南美洲或非洲種植商業豆的本錢，但台灣也有廣大的咖啡市場，那我們就應該朝「精品咖啡」的品牌前進。政府如果可以引導一個屬於台灣特色的咖啡產業政策，導入科技，解決缺工問題，並朝精品咖啡的莊園的模式開發，相信台灣不是沒有機會擁有我們的咖啡政策的。

二〇一九年十月，在國發會召開「行政院地方創生會報」第十一次工作會議上，通過古坑鄉「以智慧模組整合產業鏈建立農業六級化科技應用服務計畫」、「台灣TGC咖啡投資咖啡專業綠能處理示範廠」，與「嵩岳咖啡投資咖啡處理場」等事業提案。二〇二〇年七月，六級化科技應用服務開跑，為業者示範性導入「田間監控和農業生產履歷系統」、「農產品加工履歷系統」與「農企產銷管理系統」。

從嵩岳下山後，我也專程拜訪了「台灣好咖啡（TGC）園區」，見到了主人徐飴鴻、郭慈訓夫妻及已準備接手的第二代徐健傑。陪同拜訪的是雲林縣政府李明岳處長，他是大家公認最有熱忱推動地方創生的地方政府主管。台灣好咖啡莊園希望能傳承古坑咖啡當初的雄心，將它打造成最有代表性的台灣咖啡集散地，通過技術輔導及保證收購的模式，用科技克服氣候變遷的風險，也帶給咖啡農穩定的收入，未來也希望可以有觀光工廠等計畫來迎接國際觀光客，讓

農業與觀光再碰出火花。

用創新農業思維串起年輕世代對土地的熱情

同一次的旅程，李明岳推薦我拜訪水林的「微醺農場」及大埤的「新陽富禮農場」。

前者是資工研究所畢業的黃衍勳，在溫室用科技種植小黃瓜，他採用「離地式介質養植方式」與「自動化養液系統」及各項資料數據的監測，生產品質水準極高且穩定供量的小黃瓜。問他為什麼選擇小黃瓜，他說，小黃瓜四季可種、每天可以採收，且台灣、日本的飲食習慣，市場需求量大。用科技方法監控每個環節，克服了氣候變遷看天吃飯的困境，成功的智慧創新農業與商業規

模，打造新的一片天。二〇二〇獲得了經濟部創業歸故里的競賽大獎，穩定的生產與獲利，成功的吸引了年輕人的參與，同仁平均年齡不到三十歲，他還半開玩笑的說，現在帶著手機也可以在花東一邊旅遊一邊監控，生活更多彩多姿。衍動模式的成功在於技術與商業模式，這些可以複製，但絕不是種植小黃瓜。

新陽富禮農場是在台南從事旅宿成功的業者回鄉利用太空包的技術種植菇類的LV「杏鮑菇」。農場女主人古旆慈告訴我，透過自動化的系統可以有效的控制產品的等級，分級包裝，售價也會不同。參訪期間看到有身障的朋友前來學習，這是農場提供給附近學校的教學合作計畫，看到他們開心的學習，可以感受到農場主人的愛心，非常感動。

「雲林農出來」的地方創生好夥伴，你們好棒！

雖然我還沒有機會一一造訪，但我結識的雲林農（攏）出來好夥伴們，一定要在這本書中露臉，讓大家看見。

● 好蝦冏男社

位於口湖鄉水井村水產養殖區的好蝦冏男社，是以李富正為首的八個七年級生，利用閒置的豬舍，共同打造生態養殖蝦的理想王國。一開始用閒置的豬舍養魚蝦，自然不用藥的養殖，被親友嘲笑很冏、很矬的養魚方式，因此自嘲為冏男社。但他們也成功的建立自己的生產模式，並結合在地的各項體驗，形成地方創生的重要據點。

● 麥個麵子

來自麥寮的莊比爾小倆口說，這塊暖和的平原上，有充足的日照、適宜的土壤，以及純樸的人們。我們這群被麵養大的孩子，用天然及熱情、用在地的蔬菜與農民合作，製作沒有添加防腐劑的麵條，像地瓜葉麵條、南瓜麵、胡蘿蔔麵、甜菜根麵等。他們堅持五個不簡單，打造獨一無二的健康食品，這五個不簡單是：（一）新鮮蔬菜榨汁、（二）南極海天然鹽、（三）八次反覆壓延、（四）三回數的醒麵、及（五）低溫熟成技術。

● 芒果咖啡

在雲林莿桐鄉，有一家很有名的芒果咖啡，陪你享用來自世界好咖啡。廖思為與王琴里這對原是醫檢師與藥劑師背景出身的夫妻，打造偏鄉頂級專業烘焙技術與設備，恆溫恆溼熟豆倉儲管理與挑嘴把關，確保出杯的每一份咖啡都能呈現完美味。無怪乎他們有咖啡國王與芒果咖啡女王的封號。超過十六年的經營，也成功將咖啡結合火鍋作湯底，與在地農民合作，成為食物旅程最短的火鍋。他們誠摯的邀請大家南下時不要錯過雲林，到莿桐喝杯咖啡再繼續你的旅程。高雄孔廟的芒果咖秋也是他們夫妻的跨域成功演出。

養殖囝仔的吳郭魚鍊金術——口湖台灣鯛

雲林口湖是水產養殖重鎮，養殖吳郭魚的歷史已超過一甲子。早在一九八〇年代，吳郭魚在市場上被稱為「福壽魚」，由於當時吳郭魚常與畜牧場混合經營，為吳郭魚留下「吃豬糞／雞鴨糞的魚」的負面印象。

吳郭魚屬於「慈鯛科」，養殖業者透過種苗繁殖的品種改良、飼育方法的改進、飼料配方的研發及加工處理方法的改善等四大技術，優化養殖環境，結果吳郭魚沒有了土腥味，肉質更好，成長速度更快，正名為「台灣鯛」，華麗轉身，成為台灣旗艦級的出口水產品。

二〇二〇年十二月，天氣晴朗，「鯛魚王子」王益豐到高鐵站接我及同來的美國商會前任副執行長 Amy 一同前往他的「智慧養殖基地」參觀。沿途他還為我導覽雲林的太陽光電施作狀況，的確令人讚嘆，以農業首都自居的雲林，也有大量的科技導入——綠色能源。

物盡其用、全身是寶的台灣鯛

王益豐充滿自信及對台灣鯛的熱情，是他獲得「鯛魚王子」綽號的寫照。並非浪得虛名，他帶領了由兩百多位員工、兩百多位契作漁民所組成的「雲林口湖漁類生產合作社」，養殖改良的新品種台灣鯛。挾帶魚種優勢，王益豐及其夥伴的養殖面積超過兩千三百公頃，約占全島四分之一的台灣鯛養殖戶總數，並將台灣鯛賣到歐美、日韓與東南亞等數十個國家。

王益豐是七年級生，談到台灣鯛的新產品創新，他引用作家海明威《老人與海》的內容：「現在不是去想缺少什麼的時候，該想一想你能憑現有的東西做些什麼？」在這個理念下，王益豐將一尾台灣鯛從頭到尾「物盡其用」。除了兩片魚側肉能被做成新鮮生魚片、魚頭及下巴賣給餐廳入菜，更厲害的是，透過科技導入，從台灣鯛的魚鱗中還能提煉出飛機節能用油的材料、魚內臟可以萃取魚油，魚眼及魚鱗中都能提煉出的膠原蛋白，可以做成保養品甚至織品，開發出更具彈性的「膠原蛋白牛仔褲」；每天生產出的上萬張魚皮，還能做成皮包。

王益豐是第三代養殖子弟，在他爺爺的時代只做養殖、父親開始投入食品加工，王益豐接手後，對台灣鯛各部位進行發想與實驗，每天都在思索還有什麼寶藏尚未挖掘。過去，一尾台灣鯛只賣兩片魚肉，剩下的百分之六十六都是廢料，磨成魚粉去做飼料，一公斤頂多賣十五塊錢，若提煉成膠原蛋白，每公斤價值四十萬；此外，每一條魚一面有五十四片魚鱗，兩面就有一〇八片魚鱗，目前和中央研究院合作研究製成人工眼角膜，一旦成功，價格從上萬美金起跳。

目前，王益豐的加工廠不但達成了「零廢料」，也讓本來一條只值四十元的食用吳郭魚，變成價值上翻數倍的台灣鯛，隨著科技研發的腳步，身價持續上漲，遠景可期。

我在他現有的魚池中看到他裝設了許多感測器與自動餵食的機器，還有水質的監測、淨水及回收系統與排洩物的蒐集處理等，完全的數位化系統。到了室內，更可以看到數據蒐集後的分析儀表板，利用遠端監控魚池的溫度及加工廠內的所有流程。如果不是現場走一回，或許會以為這是一個科技業的製造工廠。這是傳統養殖數位轉型的典範，運用AI智能養殖與產銷管理。興建中的六個大魚池完工後，相信會更壯觀。

王益豐謙稱，自己只是發揮食品科學的本科專業。一開始在構想與研發的時候，大家都質疑「怎麼可能」，長輩們更不看好。在幾個成功案例被報導後，不管自己提出任何創新構想，都會得到長輩們開放的態度支持。這是在台灣的二代接班普遍的現象，當某一天對你的稱讚，是從外人口中傳入長輩父母耳裡，他們會感到榮耀，並重新肯定第二代，甚至共同投入，新竹湖口木酢達人陳偉誠的父親、彰化小王子邱明憲經營中藥店的爸爸也是如此。

如今，口湖魚類生產合作社的鯛魚類商品，更取得美國太空飲食安全HACCP認證。王益豐說，取得HACCP認證，就是為了躋身太空人食品供應商之列。

王益豐跟我分享，會對台灣鯛如此執著，是因為從小看著吳郭魚養殖長大。一九八六年韋恩颱風侵襲台灣，當時爺爺與父親不只慘賠，還因此負債千萬。有一日，賣飼料的長輩到家裡收款，王益豐甚至謊稱父親不在家。看著父執輩明明這麼努力工作，卻沒有得到合理的回饋，王益豐立志要改變這個產業。

然而，即使王益豐發揮創意與研發力，將台灣鯛的產品發展得淋漓盡致，仍敵不過氣候異常。近年因為地球暖化，夏天過熱容易滋生病菌，導致台灣鯛嚴重暴斃，外銷訂單無法如期出貨，違約的求償責任都讓他苦不堪言。為了力抗氣候異常，他前往波蘭與以色列取經，將科技養殖技術帶回雲林口湖，打造「AI智能養殖示範區」，不只縮短養成時間、水資源可回收再利用，一公頃的魚塭更可以放置四十二座新型養殖池，每座的產量等於一公頃魚塭。換句話說，年產量將是過去的四十二倍。

這項地方創生事業提案，在二〇一九年九月二日國發會的第十次工作會議上獲得各部會的支持，決議由國發基金投資一億八千七百二十萬元。消息披露後，其他投資者早一步進場，最後國發基金錯失第一件投資地方創生事業的機會。

回程中，Amy 問道，為什麼麥當勞的魚排不用台灣鯛呢？我相信後續一定有更精采的媒合。

彰化／

補回拼圖的意外驚喜

擔任行政院秘書長時，曾隨林全院長視察彰化，當時前縣長魏明谷爭取比照陳水扁總統任內給台南的大禮——安平港國家歷史風景區計畫模式，希望撥給彰化一個「鹿港國家歷史風景園區」的計畫經費，視察過程曾在鹿港老街走踏。

在國發會主委任內再次隨行政團隊前往彰化，時值前瞻基礎建設及長照 2.0 開始執行，且地方創生計畫尚未啟動，但清楚瞭解到魏縣長對地方建設的投入，特別是離岸風力發電，要把彰化打造成「風光大縣」。

等到地方創生計畫推動時，或許是我和副主委的分工關係，我只到訪過芬園鄉。而芬園鄉的困境在受益於高速公路的開通，不論就學或就業全往台中跑，白天空蕩蕩，晚上居民才回來，房價沒有因此降低。但芬園有產業（米粉），也有休閒與文化的場域，需要公私協力，整合並創造在地產業，於是借助東風，國發會輔導後，在我任內通過了芬園鄉的八項計畫。

除此之外，我對彰化是陌生的，我的分享故事中也一直少了彰化這塊拼圖，而地域振興聯盟的九位發起人中居然有二位來自彰化，這個矛盾一直在我內心打轉。

二〇二一年開春後這個結終於打開了！

第一，台灣中小企業最大集中地就在彰化，因此彰化產出非常多的企業楷模，他們平常都主動回饋鄉里，像普萊德的陳清港董事長來自埤頭、頂新集團魏家兄弟來自永靖等，在地方發展遭遇困難時都有企業可以伸出援手；第二，彰化的在地深耕團隊起始於台灣推動社區總體營造的前輩陳錦煌帶領，已有相當的基礎，而性質應歸屬地方創生的團隊，有自力更生的能力，和公部門較少有交流，所以較沒有能見度。當然還有一個我很不願談的政治版圖問題似乎也是關鍵因素。

但我一直念著我的地方創生拼圖必須完整，從資料盤點的圖像顯示，彰化縣的人口在流失中，推動地方創生，她沒有缺席的權利。

一個因緣到來促成我利用二〇二一年清明假期前往彰化一探究竟。三月十二日台灣地域振興聯盟在新竹市舉辦春宴，來了一個新面孔，她是來自彰化的聯盟新聘任的執行秘書陳怡珊。當天活動她邀請了為數不少的彰化團隊參加，我在發言回應時，特別說，期待可以給我一個「彰化地方創生之旅」，補上我的拼圖。

為愛撐傘的卡里善之家

清明假日第一天清晨我在烏日高鐵站下車後，由有小王子之稱的「旅庫」創辦人邱明憲，帶我到了第一站和美的「卡里善之樹」——彩虹屋（Rainbow House）。

卡里善是平埔族巴布薩的族語，意思是冷熱交界地，氣候溫和清美之處，這也是「和美」名稱的由來。

家族是台灣最大的製傘企業的第二代林冠瀚，原本從事科技業。返鄉接手家族企業，

透過他的科技專業，讓家族企業更上層樓外，也積極參與社區的經營，用一棵要被當廢棄物處理的苦楝樹，以自家生產的彩虹傘做成一個入口意象，稱為為愛撐傘的卡里善之樹！廣場旁的一棟舊建築，重新裝飾後成為一個體驗的彩虹屋，小朋友可以創意繪畫及製做屬於自己心愛的傘。小巷弄及周遭破舊老屋都精心的修繕，景觀設計加上各種形式的傘的裝飾，讓整體環境的美化，成為美麗的網美打卡景點，帶動參觀的人潮。而冠瀚深知自己不能獨好，於是讓社區居民參與，包括環境的維護在內。假日則舉行小市集，造型咖啡車，當地農產及文創都是市集的貴賓。這就是共創、共好，不愧是當地創生的領頭羊。因疫情回到家的妹妹有設計與烘焙的背景，手藝精湛，巧手下的餐點成為露天野餐最好的食品，可以延長遊客的停留時間，創造更大的效益。

軟體公司是地方創生不可缺席的角色

奇步應用的佳新與太太 Viki 都是軟體工程師，一個來自彰化市，一個來自和美。五年前返鄉在彰化市創立軟體公司——奇步應用，主要是幫企業做 App、網站及客製化的 LINE 聊天機器人。軟體公司在中南部開始一定不吃香，家人朋友看不懂，因為它不像硬體有實物摸得到，更遑論獲利模式更難說明。坦白說，這對年輕夫妻真的很有勇氣，不過他們的策略是對的，就是參加各種比賽，打開知名度，也把彰化宣傳出去，「彰化旅行+」是他們參加經濟部二〇一九年創業歸故里比賽的冠軍作品，同時也在二〇二〇年獲選成為 LINE 官方認證的 API Expert 技術專家。

Viki 雖然已是兩個孩子的媽媽，但天生麗質非常適合走到第一線行銷，目前他們結合彰化市的文化歷史故事與觀光，創新開發許多遊戲商品，尤其針對孩童，不但有創意且可與在地的各種社群串接，這是他們的地方創生故事進行式。

棄科技業回鄉種黃豆——田野勤學的陳光鏡

皮膚黝黑，笑容可掬的陳光鏡，來自北斗。因為我行程調整錯過到他的農園體驗的機會，但謝謝光鏡前來和美與我交流。頂著科技新貴的頭銜，但骨子裡卻有著要回歸土地的基因，在天時地利人和的時機，和太太慧璇回鄉用自然農法種植黃豆，推廣黃豆食品。聽了他的簡報才知台灣一年進口約兩百萬公噸的黃豆，九成供榨油和飼料使用，一成供消費者食用，而這一成中又有九成是基因改造的黃豆，而國產的食品級黃豆雖是非基改黃豆，但僅是進口量的百分之三。根據統計台灣人在一年中攝取的黃豆量，在世界排名中名列前茅，隨著素食人口的增加，需求量也在增加中。

於是他執著的創立了「田野勤學」，好的產品與品質名聲是外部傳回來，讓家人與鄰居從不解到認同，這好像是回鄉故事的公式，屢見不鮮。

光鏡與慧璇已有三個寶貝女兒，也是他食農教育的好幫手，今年夏天，他們將第四次當爸媽，真為他們高興，好棒的創生典範。

簡報結束時，在旁邊陪伴女兒DIY手作繪傘的家長，馬上變更行程，問光鏡田野勤學在哪兒，即刻化感動為行動。

錯過這一次的體驗，已相約下回一定造訪北斗的田野勤學，順便抱抱可愛的新生寶寶。

彰化地方創生粽子頭——旅庫小王子邱明憲

明憲的綽號叫小王子，是地域振興聯盟的發起人之一。回鄉之前，他在台北工作、生活了十四年，從事有關旅遊、行銷等工作，那個年代會做網站的相當的吃香，收入也不錯，加上他的創意，帶團出國打出名號已是全國知名的領隊。

二〇一一年回到彰化，開始希望透過旅行服務改變地方的生活，二〇一三年開了「旅咖啡」，讓家人放心，但他最喜歡的是辦講座、讀書會、課程，因為可以透過共學提升對故鄉的認同。

二〇一六年成立「旅庫彰化」平台，開始進行主題式收費導覽，至今有超過二十條體驗路線，父親開設的中藥舖也納入他的體驗行程中，讓父親非常的投入，在中藥舖缺乏傳承，政府政策也沒有好的配套前提下，未來台灣可能會看不見中藥舖，是令人感傷的事。

明憲是彰化地區推動地方創生的粽子頭，當他一次一次的為拆除老建築挺身而出的當下，其實他深知要保存文化資產，先要保存傳統生活、讓街區經濟活絡才有機會。因此他串連彰化地區的地方旅遊服務，從在地生活與認同體驗出發，一步一步扎實的往前走，持續努力著。

卦山村的創意美學基地是文化藝術聚落

兒時記憶，到彰化一定要到八卦山參拜大佛，曾幾何時，這裡已不是彰化代表的景點！彰化縣政府將負責觀光旅遊的單位辦公室設在八卦山山腰，想必也是有企圖心想找回昔日的旅客吧！

這次造訪八卦山意外發現一群熱愛美學的「藝術家」、「生活家」與「創作職人」進駐，他們屬於中青代，各自從事不同面向的文化藝術創作，以此為工作室與體驗展示教室，打造成一個創意美學的聚落。

負責管理的創意美育協會理事長張永育，有個很屌的工作室名字叫「土匪張革製所」，渾身就是藝術的他在小小空間，擺著很多他得獎的皮件，每一項創意設計都讓我驚呼連連。這裡還有許晉榮小夫妻的創意小盆栽、欣儀的瑜伽教室、Miya的三角貓繪本插畫工作室、家毓的金工、織晴天的編織教室、曾麗馨老師的水雲琴社、茶道及乾燥花的瑪琥工作室

等，琳琅滿目豐富且多元。如何將工作室與體驗做結合，讓前來的遊客還可以習得一項技藝，帶走一項手作成品，促進消費及收益，是協會與公部門要共同努力合作的方向，另外，夜間活動場域的規劃也非常的重要，期待下次到訪時可以有不同的面貌。

羅大佑的鹿港小鎮人口規模適足，下一步呢？

鹿港目前的人口數為八．六萬人，當地社區人士告訴我，這是鹿港的最適人口數，不宜再增加了。鹿港出很多的名人，法務部前部長施啟揚、宏碁創辦人施振榮都是。

鹿港有很深的文化底蘊，此次拜訪最深的感動是台灣小鎮文化協會許書基理事長所帶領的團隊從事老屋的保存與修繕工作，目標一百棟，目前已修繕超過三十棟，均交給年輕人來經營，這些年輕人有許多是移居者，並非在地返鄉青年，而老屋修繕後依其位置及性質，有作為民宿、咖啡屋、書店，甚至還有酒吧！企圖心與做法都令人欽佩，看到協會辦公室密密麻麻的資料與書籍，我覺得目前最欠缺是數位化與科技導入，讓這些成功的作品與案例得以傳承。

短短一天半的行程，感謝明憲的安排，誠如他在臉書寫下的，此次的訪視可以算

是簡單梳理南北彰化各種不同的發展模式，並透過實際的場域參訪以及深度的對話、互動，可以初步瞭解彰化目前的狀態，讓「我們」（指彰化的團隊們）被看見，而不是只有「我」被看見。在來往車程及步行中也和明憲、筱榆有很多的交流，我深信，雖然是第一次，卻是最有溫度的一次，也相信不會只有這一次，這是我補上拼圖的最大的收穫。

南投

重回花園城市的樂活新氣象

圖 / Shutterstock.com

南投是台灣地理位置上的中心，中央山脈與玉山的最高峰就在此地，群山遍布，也成為很多大型河川的發源地，像是濁水溪、烏溪等。動植物的生態資源豐富的南投，擁有「大地之母」的美譽。

如果我們以國土發展的角度來認識南投，可以分為三個軸帶：最西側是以中興新村為核心的第一軸帶「幸福田園生活軸帶」，有國道三號行經，以便利的交通發展便捷舒適的生活空間，營造低密度發展的宜居城鄉；往東，第二軸帶是「國際觀光樂活軸帶」，囊括日月潭、九族文化村、水里、埔里與竹山，有國際知名景點，也有竹編等特色工藝，與農家及客庄風情，是適合養生慢活的城市，也是南投打造國際友善旅遊品牌的核心。

最東邊的第三軸帶是「生態旅遊保育軸帶」，有合歡山、清境農場與信義鄉，坐落著令許多登山客嚮往的高山百岳，以及豐富的原住民文化，此外還有馳名國際的玉山國家公園，適合發展深度生態旅遊。

從樂活、田園與生態出發，南投充分具備都會叢林生活族所嚮往的美好生活元素，當中也有許多富含生命力的地方創生故事正在發生。

風華再現的花園城市

美麗的中興新村是一個很有故事的地方，一九五六年，為了分散聚集在台北的行政中心，台灣省政府從現在台北的行政院所在地搬遷至台灣的地理位置中心——南投。南投是台灣二十二個縣市中唯一沒有臨海的縣份。

從此，南投的中興新村成為了前台灣省政府的所在地，一度為台灣最重要的政治中心。其後，經歷一九九八年的精省、一九九九年的九二一大地震，重創中興新村，中興新村從此沒落沉寂超過二十個年頭。

一座被遺忘的花園城市

在精省以前，原來的中興新村，大概有兩萬多名公務員在此居住與工作，公務員一下子移出之後，頓失人氣。再加上九二一地震，建築物倒塌、許多沒有通過耐震評估的辦公廳舍後來也因為安全考量而拆除，讓原本宏偉壯觀、台灣省政府政治中心的景象不再。之後，在陳水扁與馬英九兩位總統任內的十六年期間，都曾經想為中興新村活化再進行規劃及開發。陳水扁總統時期，盼將中興新村打造為國際的ＮＧＯ中

心；馬英九總統任內，則是規劃成為高等科技研究園區，只可惜皆因主客觀因素的影響而無法成功。

二〇一六年，在我擔任行政院秘書長期間，監察院為調查中興新村活化的進度，來文要求行政院秘書長帶領相關部會前往說明。為了充分準備約詢的回應資料，我開始對過去十六年的政府如何對待中興新村進行瞭解。

中興新村是台灣第一個具備完整都市規劃的花園城市，當時為了讓公務員們得以安心居住與工作，整個社區效仿英國新市鎮設計規劃而成，兼顧辦公空間、民生所需及公共設施，同時大量種植樹木和綠地，闢建優美壯闊的林蔭大道，吸引不少遊客前來觀賞。

將近三百公頃的中興新村，可以為三個部分，從北到南分別是北核心、中核心與南核心。

北核心是過去省政府的所在地，當年所有的廳處都位在這裡，所以這邊的建築物是一棟一棟的辦公場所。二○○○年後，這裡就只剩下零星機關的中部辦公室，不但低度利用，還有許多的閒置空間；中核心是宿舍區，每一間住宅都是擁有前後院的紅屋頂平房，全盛時期設籍人口高達兩萬三千多人，如今僅剩七、八百戶，且許多房舍年久失修，多呈傾圮狀態，少數現住戶，還因沒有居住法源，而遭政府單位訴訟請求償還；至於南核心，政府曾希望開發為高等科技園區，根據當時的計畫書，徵收土地二十四·九二公頃，用地費用卻高達六○·一五億元，管理工作落到非財產管理專長的中科管理局，同仁苦不堪言，苦撐著。後來因環評沒有通過，南核心只能研發使用，不能設製造工廠。南投縣政府還依其權責將全區超過百分之九十的面積劃為文化景觀園區，有了文資身分，開發的困難度倍增。目前除了經濟部花了十幾億蓋了一棟綠色鑽石級的研發中心外，就屬正瀚生技的進駐是最大的亮點，也是標竿。

空間活化的關鍵在人

蔡總統上任後的立法院，一直有委員提案要刪除省政府的預算，希望透過預算手段讓台灣省政府真正走入歷史。於是在賴清德院長任內，親自率領政務委員、部會首長前往台中霧峰及中興新村實地瞭解，並且夜宿在省府末期才興建完成，還沒好好使用，就因為精省開始閒置的「荷園」。之後經過行政院內部的幾次會議討論並與立法院黨團溝通後，決議自二〇一八年起不再編列省府預算，相關業務及人員移交國發會接續辦理。二〇一八年七月二十日國發會在被指定為古蹟的原台灣省政府省長辦公大樓，揭牌成立「中興新村活化專案辦公室」，開啟我與中興新村的緣分，也將活化工作與地方創生業務做了巧妙的結合。

在我上任國發會主委後，第一次前往中興新村視察國發會的中部辦公室，十幾位同仁排排坐與我座談，那場會議是在低氣壓、沉重難過與哭泣聲不斷中勉強完成。我的結論是國家對不起這一群想為國家奉獻的公務員。

為了提振同仁的士氣，在國發會接手管理中興新村前半年，我已多次前往實地瞭解。我發現中興新村擁有很好的生活機能，除花園城市的居住環境非常宜人外，包括生活上所需的市場、超商、醫院、小學、國中到高中都一應俱全，就連殯儀館在當初也有設置。從台中高鐵站到中興新村大約二十至三十分鐘，交通相當便利。過去的開發計畫不成功的理由是沒有尊重她原有的風貌與功能，外來的大開發未必符合當地「人、文、地、產、景」的實際需要，我始終認為只有回復其行政機關與花園城市宜居的功能，讓人進來，她才有可能有生機與活力。所以修繕現有辦公廳舍，讓性質上或服務對象非都會區居民的部會，不必占據台北昂貴的地段與廳舍，也不必花冤枉的租金預算。這樣的看法雖然有一定的支持，但還是有很多人不以為然，認為公務員不會願意搬到中興新村。但國發會設計了非常完善的配套機制，讓進駐的公務員在生活居住上沒有任何顧慮，當時人事行政總處曾協助調查公務員的意願，出乎意料的有七、八千人回報有意願。

國發會的活化專案辦公室啟動前，我們就已盤點了所有的辦公廳舍，狀況良好、可以讓公部門再進駐的，全部整理出來，同時整頓了宿舍，打算提供給願意移居工作的公務員使用。

樂音悠揚點亮舊空間

在整體行政機關的搬遷未確定啟動前，我們還是必須逐步的活化中興新村，先從點開始。其中由二位非音樂背景的老師所帶領原住民小朋友組成的「親愛愛樂弦樂團」，進駐了中興新村。南投仁愛鄉是賽德克族與泰雅族的原鄉。二〇〇六年，王子建跟陳珮文這對年輕的夫妻檔上山教書，在二〇〇八年以超越體制的方式，組成「親愛愛樂弦樂團」，成員年齡橫跨國小到大學，進行實驗性極強的混齡教學，還會自己手作提琴，自己拉的提琴全部是自己手工打造。

「親愛愛樂弦樂團」在二〇一七年七月，前往歐洲參加「維也納國際青少年音樂節」，奪下弦樂組冠軍。他們經常到各地巡迴公演，樂團有團練與住宿的需求，孩子有上學求知的必要，如今在中興新村，有一個固定的空間，讓他們可以安心的上課、練琴和住宿。悠揚的練琴聲，為中興新村帶來了活力。

特別感動的是子建與珮文夫妻倆都不是音樂背景，但幫孩子找到可以發揮的能量，也讓孩子有不同的生活與學習體驗。下次他們的演出，希望大家都可以買票去聆賞，如果假日到中興新村，也可以採買他們的各項文創產品、農產品及烘焙的美味點心。

生活文化聚落的再生

專案辦公室的同仁，一掃過去早已被斷手腳般的士氣，開始展現無比的能量，為打造他們生活的環境而全心投入，毫無怨言，一天當好幾天用，作為長官的我非常的感動。有了舞台後，這群幹練的公務員，開始發揮他們的創意，展開他們服務鄉親的能量，我深受感動。台灣的公務員就是這麼的可愛！

去年五二〇之後，我去了兩趟中興新村，感謝華麗轉身股份有限公司的朱怡甄小姐的努力，「省府日常散策生活文化聚落」於十月十四日正式開幕，共有十二家青年創業進駐。其中包括來自紐西蘭的台灣女婿 Zeki，在這裡開設了「CASA BELLA 幸福廚房」，他從小廚房裡端出來的特色義式料理令我印象深刻，只要釋出預約時段，經常秒

殺完售；一位從小在中興新村長大的音樂人曹子傑，北漂三十年後，返鄉創立「1985 音樂公寓」，在此經營以西洋音樂為主題的咖啡調酒吧，同時就近照顧九十二歲的父親；經營「丘山茶」的賴岳鈴是南投子弟，家中長輩年輕時經常來到中興新村看電影、逛第三市場，如今賴岳鈴在此打造了一個可以品茶和享用手工點心的慢活空間。還有陳武強里長親自擔任主廚的眷村手路菜「帶人尋味」；曾伯義的「e92 依舊愛咖啡」延續「老房子咖啡屋」的理念、「55BAKERY」烘焙坊有我們小時候記憶的麵包等。還有三姐妹回鄉打造有書卷氣息的民宿！

國發會從空間盤點與整理開始，結合經濟部中小企業處的資源，吸引老中青年入駐，產生群聚效應，為中興新村注入新的活力。涓滴成河，這就是地方創生的精神，持續不斷的努力，才有永續成長的機會。

竹山小鎮文創活出夢想中的小鎮

每到午後霧氣下沉，竹林裡的院子被雲霧繚繞，黑瓦白牆的老宅彷佛空中樓閣，所以這裡被稱為「天空的院子」。

二〇一九年的夏天，我和「天空的院子」與「小鎮文創」的創辦人何培鈞特別有緣。八月底我來到天空的院子拜訪何培鈞，沒想到幾天後又在一個論壇上相見，相約隔週再訪竹山。於是九月初我又再次來到竹山，瞭解小鎮文創對於科技導入的應用。這次培鈞也帶我拜訪了更多竹山青年的空間，包括元泰竹藝社及竹籟文創。

一座老宅開啟竹山經驗

談起「天空的院子」創辦人何培鈞，剛過四十三歲生日的他，已是地方創生領域裡的代表人物。他的創業故事，在過去十多年來，感動振奮了無數的年輕人。

二〇〇五年，大學畢業當完兵，剛退伍的何培鈞，舉債一千五百萬，跑到竹山深山中人煙罕至之處，和表哥兩人一同整修一座百年老宅。跑了十六家銀行後，終於有一家銀行的經理，願意坐上這位二十幾歲青年的機車後座，上山看看這幢老宅；而在房子整修完成後，口袋空空的培鈞，首月只賺了八千塊，卻要支付六萬貸款。幾個月過去，眼看再繳不出錢，老宅就要被查封。

從壓力與焦慮中振作，何培鈞振筆寫邀請信，寄送給各縣市文化局局長，其後甚至連音樂家馬修連恩也曾蒞臨。後來馬修連恩出版了《天空的院子》同名創作專輯，並入圍金曲獎，「天空的院子」從此聲名大噪，竹山也因此開始被看見。

以文化保護為初衷，之後才經營民宿的何培鈞，並沒有因為民宿爆紅、為了賺錢，再去增加無謂的建設，反倒是透過總量管制，致力維護居住品質。

何培鈞在水里出生、長大，並不是竹山人，卻滿心都放在竹山。他說，自己一個外地人來到竹山，這裡卻包容自己落地生根，心裡不可能毫無感觸。

開業七年，何培鈞終於清償「天空的院子」的銀行貸款，這才驚覺，竹山觀光客確實變多了，但是在地居住的人口，五年內卻從八萬人驟減為五萬人。何培鈞認為，當觀光的發展與在地連結不夠深刻，觀光財便進了批貨來當地出售的商人口袋，在地居民得到的只是更髒亂、吵雜的生活環境。正因如此，當人潮帶動房價上漲，當地人便很快的將房子賣掉、搬離竹山。

來自全球的年輕創意，來竹山打工換宿

何培鈞決定作出改變，從「天空的院子」開始，要讓產業與地方產生關聯。於是，他向鎮上擁有七十年歷史的振益棉被店訂製手工棉被，民宿內供應的則是啟明米麩店的米香點心，房間裡的竹燈也是取材在地，民宿的每個角落都在說著竹山的故事。

看到鎮上人口老化，青年人口外移，於是何培鈞成立「小鎮文創」公司，在鎮上租下兩間透天厝，提供給世界各地的年輕人用技能與創意幫助竹山，來免費換宿。一年內，他吸引來自各國超過六百位青年來到小鎮，研發出具在地特色的竹編QR code、製作鎮上「喜歡聊天的老闆」地圖、拍攝紀錄片，還有印度人來鎮上跳舞換宿，何培鈞說：「一下子湧入好多有才華跟創意的腦袋，一起來幫竹山解決問題。」

二〇一五年，何培鈞更租下了荒廢已久成為街友聚集處的台西客運站。他將過去二樓的司機休息空間，改成「竹青庭」人文空間餐廳，邀請在地竹編工藝師，以手工竹編改造空間，也連接當地農業，使用在地食材開發餐點，也請媽媽共同參與設計菜單；在一樓大廳售票處，則開了一家「台西冰菓店」，用當地竹山的茶葉作成冰品，裝在竹筒、用竹吸管飲用，成為有DNA的食品，還會不定時舉辦市集與體驗活動。

當產業與在地連結，觀光客人潮的上升，甚至讓已經停駛的7127巴士重新營運，竹山客運總站再次有巴士進出，何培鈞說：「老人家們等車時閒話家常，以及上下車的身影，是最美的風景。」

此外，何培鈞也利用每個月的最後一個週五晚上，在台西客運站邊的小空間舉辦「光點小聚」，讓在地青年、居民交換對地方的想法與看見的問題，再把問題與外界資源連結，光點小聚成為關心地方人士夢想的培養皿，由此長出不少在地新事業。

近年，何培鈞開始將竹山的地方創生經驗與能量，向馬來西亞、中國及日本分享與輸出，甚至在馬來西亞怡保開設「P Lab」地方創生實驗室，積極將竹山經驗擴散到亞洲各地，讓「竹山經驗」轉化成「亞洲經驗」。成為地方凝聚力，總能把大家串在一起。何培鈞讓我們看見台灣其實不小，站穩腳步，竹山也有機會成為「亞洲中心」。

水里𡒊的留鄉路

位於玉山腳下的南投縣水里鄉，在一九七〇年代因伐木業興盛，繁榮熱鬧的水里有「小台北」之稱。一九七二年水里鄉人口達到最巔峰之後，隨著伐木業沒落，人口逐年減少，至今走過連續四十七年負成長，近年也是南投縣人口流失最嚴重的行政區之一。

二〇二〇年二月，我來到水里鄉，拜訪「槑農場休閒農業園區」與「老五民宿」。第一站，先來到省道台二十一線上飄香的「冒煙的饅頭店」，店門口旁的大灶火熱正

在「炊饅頭」，燒柴冒煙的畫面在冬天特別暖心。「冒煙的饅頭店」的店主正是老五民宿主人盧振旭，用老麵發酵的柴燒手工饅頭本來是做給民宿客人享用的早餐，後來因為訂購的迴響太熱烈，索性就開了饅頭店。目前在饅頭店工作的是社區媽媽們，其中有許多是水里的媳婦，包括新住民，我還碰到一位從台南嫁來的年輕媽媽。饅頭店的另一側則是利用廢棄木頭製作家具的工作室。

人稱「老五」的盧振旭，是二十多年前，台灣第一代的民宿主人。當年的台灣只有飯店與旅社，還沒有民宿的概念，二十六歲的盧振旭本來

在銀行上班，在辦公室裡總是想念起家鄉水里上安村，溪裡可以玩水抓魚，抬頭便能望見玉山白頭的雪景。決定要追求自己想過的生活，盧振旭毅然辭去工作，帶著擔任鋼琴老師的妻子許芬芬回鄉，在玉山與阿里山環抱的一片空地開始，自己蓋了兩層樓的日式木造建築。陳有蘭溪環繞而過，房舍周圍不設路燈，入夜戶外只有蟲鳴與星空，盧振旭就帶著客人去夜遊，觀察山裡的夜間生態。

回鄉落腳的盧振旭，以友善環境的方式打造民宿，更開始陪伴上安村槑農場休閒農業園區的小農們，一個一個開始停用農藥，轉作有機種植。盧振旭說，在推廣的過程中，有許多人熬不住轉型期收入的不足，而放棄了有機耕種，所以更需要彼此陪伴、分享經驗，熬過陣痛期。

如今，上安村的小農已經能產出許多品質優良的農作物，但由於產量偏少，很難和大型通路洽談合作，目前仍依賴小農每個週末自行前往市集銷售，相當辛苦。當地的長輩也跟我分享他們經營的辛苦，的確農企是他們唯一的一條出路，但需要政府的政策引導，單純只有農會在做收購的工作，對他們是沒有任何幫助的。整合行銷的直售所或「城鄉理貨人」模式，均待評估，仍需持續摸索理想的商業模式。

訪老五民宿時，我曾與幾位在地的青年及農民對談，其中老五民宿的二代盧威丞便提到，希望返鄉為家鄉努力，但還在尋找方向。在同一年的年底，我就聽說盧威丞在教育部北區地方創生推動中心協力師潘虹妮的協力下，以返鄉為小農經營社群與網路行銷，及復興上安客庄文化為題，申請到二〇二一年客庄地方創生經費，展開了二代返鄉的傳承之路。就像過去常說的，地方創生沒有期程，是需要一代接一代，彼此接棒、協力、傳承的事業。

苗栗／

土地共融的移居返鄉故事集

苗栗縣是個以農業為主要產業的城市，境內有全國數量最多的休閒農業區與休閒農場。不論是山水景觀、物產與客庄文化，都是推動地方創生的基礎。二〇一六年起政府執行的「浪漫台三線」正好也提供地方創生原料，讓苗栗的起步更早、更穩健。

不可諱言的，苗栗的人口數一再的下滑，仍值得關注。但我前往第一線參訪的經驗發現，還是有很多優秀的青年返鄉或移居苗栗，為地方帶來新的詮釋與能量。像「藺子」的廖怡雅與「自然圈」的謝易愷，都不是苗栗人，卻都在這片土地找到了安居樂業的方式；「中山168」的徐嘉明、莊雅婷夫妻，以及「苑裡掀海風」的劉育育，都是返鄉青年，而在地農業青年代表則有二代接班的黃文詣，號召大家集結成「返青富民」聯盟共同為在地與農業努力。

台灣的中小企業過去為了生存彼此競爭與猜忌，沒有共學與共好、共創的理念。這一代年輕人不一樣了，他們理解單打獨鬥的時代已經過去，為了壯大台灣我們必須打群架，集結眾人的力量才有機會去打國際盃。在苗栗地方創生夥伴身上，我看見的是與地方融合及手攜手合作的模範。年輕人的能量與視角改變了社區與地方，地方的養分也滋養了年輕族群，這是推動地方創生最大的幸福所在。

眼睛。我想，當年大三的廖怡雅，來苑裡看到的並不是一個快消失的產業，而是和生活本質相關的手作價值。正因為看得見這個價值，才有了後面的「藺子」與故事。

怡雅獲選為二〇二〇年《關鍵評論網》選出的「未來大人物」，她除了讓傳統的工藝現代化，也將人留住及領人進來，創造工作的機會。另外，她復育藺草擴大種植面積，讓農民有穩定的收入，她用群眾募資的方式讓認同理念的人有更強的黏著度與一起向上能量；用設計力改變台灣人對藺草的刻板印象，創造藺編的ＬＶ，透過Pinkoi的設計電商品牌行銷世界，當然也展現了台灣的女力能量。

溫柔掀起改變的風——苑裡掀海風

離開藺子工作室之後，我跟著在地團隊的腳步，來到了獨立書店「掀冊店」。裡面陳列了在地刊物《掀海風》，記錄了苑裡精采的人物與故事。認識記錄故事的兩個小女生，是在「雜學校」在華山文創園區舉辦的年度展，小小攤位上滿滿的文宣，她們充滿期待和我分享故事與想法，因為時間有限，相約苗栗見。

《掀海風》除了是一本在地刊物，更是一個由愛苑裡的人所組成的團體所創立。

二〇一四年，一場為了環境保護而發起的「反瘋車」學運在苑裡興起，民眾為了反對大型風車蓋在民宅旁而聚集抗爭。輔大心理系的劉育育，是從小在台北長大的苑裡人，當時抱著好奇的心來參加，過程中受到了社區長輩的關愛，也認識了志同道合就讀台大法律系的林秀芃。育育說，抗爭結束後，她與秀芃決定要留下來：「我們希望可以生根，去挖掘地方的價值，不只是反對不當的發展，而是可以返回鄉土，重新盤點這個地方需要什麼樣的未來。」

於是，劉育育與林秀芃，集結在反瘋車運動時認識的藺編婦女、在地小農及一些返鄉青年成立「苑裡掀海風」。

一開始，大家分頭去做田野調查，蒐集苑裡的故事。劉育育說，要卸下自己看苑裡的框架，才會有新的看見。自己在田調過程中，一條走過幾百次、幾千次的天下路，再重新走一次、去訪談路上的耆老，還是都會有新的發現。

累積了不少覺得對自己很受用的田調素材，希望把這些看見分享出去，於是他們辦起了在地刊物《掀海風》，慢慢累積這片土地對自己的認識。

二〇一七年，「掀海風」團隊在苑裡辦起了第一屆的「海風季」，透過市集與音樂會，讓在地人聚在一起，彼此互相認識。團隊發現，「掀海風」漸漸肩負起，在苑裡串連種子的一個平台，他們發現開始需要一個實體據點，在生活裡就跟社區互動，回歸日常，才不會流於煙火式的辦活動。劉育育說：「經營書店，就是經營一個社區。」

於是在二〇一八年，「掀冊店」開張了。有了據點，「掀海風」在這邊推動友善農作、販售小農作物，也將在地食材入菜，在書店隔壁開起了咖啡廳。也發起了「苑裡教芋部」的活動，藉著幫助農友販售芋頭，把營收拿來辦高中生的課後輔導，號召志工來陪伴高中生考前衝刺，串連社區「共學」的凝聚力。

這六年來，「掀海風」團隊一步步地融入地方，協助產業發展，也延續苑裡的文化，處處扣連地方創生所倡導的精神。年輕人在為社區付出的過程中，展現了智慧、勇氣與行動力，女力加年輕，就是掀海風的標記。

一整倉庫的竹南好物——中山 168

第一屆地域振興聯盟在嘉義認識了務農的二代青年黃文詣，他稱自己是「橘二代的農村領航員」，他長得很斯文，一點都不像農夫，他在苗栗已串起一股地方創生的潮流，在他的邀請及規劃下，年會結束一個月後，我和 Amy Chang 一起來到中山 168，八斗子的地方創生規劃師們也一同前往。

「中山168」，奇特的名字。位於竹南火車西站右側，是一間擁有六十五年歷史的台鐵老倉庫所改建的文化創意基地。

曾是工藝師也是建築設計師的徐嘉明，和他的太太Tina莊雅婷，一個充滿傻勁和勇氣的女孩，在為自己公司找店址時，因緣際會承租了這個倉庫。之前這是一個擺放雜物貨物的老舊廢墟，Tina說，當時進去察看，第一個印象是陳年已久的塵埃非常厚實迷人，之後的清理才發現光是灰塵就清出超過一百公斤，高興的是承租是讓倉庫免於被拆除的命運。如今布滿塵埃的倉庫，變身為通透的空間與挑高的木造天花板，夏日的陽光充滿整個空間，相當明亮雅致。

進入中山168，首先映入眼簾的是一座兩呎半高的檜木鋼鐵機器人，由在地木工師傅鄭輝煌手作。左右兩邊有不同的規劃。

右半邊幾排櫃子下，密密麻麻的小抽屜都是鐘錶的小零件，鐘錶企業二代的嘉明非常自豪的說，全世界所有各式各樣鐘錶的零組件都可以在這裡找到。

在智慧手錶搶占市場的時代，他們選擇逆勢操作，希望喚起腕錶與人之間最初的連結。搶眼的腕錶陳列，嘉明介紹他們家的腕錶品牌「1多點」（idodan）。二〇一七年，徐嘉明與妻子在苗栗共同創立了在地的腕錶品牌「1多點」，是取自客家話「幾點了」的諧音，在設計上融入木藝、漆藝與竹編等台灣傳統工藝，打造木質腕錶。在二〇一九年，有溫度的設計榮獲 German design award 德國國家設計獎。

徐嘉明說，在獲獎之後，登上了國際舞台，也希望在車站附近能有一個「1多點」腕錶的展售空間，讓喜愛腕錶的朋友，一下火車就可以有個地方歇腳與參觀。於是租下了荒廢已久的舊倉庫，經過整理、設計與裝潢，才與世人見面。

一開始，徐嘉明對這個空間的設計偏向華麗，風格比較接近「一間在舊倉庫裡的咖啡廳」，後來在這個空間裡一邊整理一邊感受，徐嘉明漸漸看清楚倉庫的原貌，設計風格大轉彎，如今幾乎完全保存了空間本來樣貌。

中山 168 的女主人莊雅婷告訴我，隨著設計風格的改變，夫妻二人對於空間的規劃也同步「打開」了，廣邀頭份、苗栗與竹南的在地工藝師與職人的作品進駐，中山 168 開始變成在地創作者的據點。從一開始的八位工藝職人進駐，陸陸續續有更多職人、素人加入創作。

徐嘉明也跟我分享，相比於其他文創基地，中山 168 有何特點？他認為在松菸或華山很多富設計感的文創商品，在裡面看不到「人」，也就是說看不到商品背後的創作者。「但是在中山168，創作者跟他的作品是相當接近的，看得到人味。」徐嘉明強調，個性化帶來的差異性，就是鄉下地方的「賣點」所在。

一個老空間的改建與敞開，開始擾動周遭的職人、設計師與藝文工作者，進而形成聚落。從一個人到一群人，凝聚眾人的力量，鄉下地方也能以小搏大，走出自己的路。

感謝在我參訪當天來到現場的許多關心地方創生的夥伴，小小空間擠了十幾個人，分別代表來自各地不同關心領域的團隊，這是一個共學共好機制的開始，我深深祝福

且願意和大家攜手偕行。

一片讓人找回自己的營地——自然圈農場

順著文詣的安排，我們到了卓蘭的「自然圈農場」。

已成立公司的總經理謝易愷帶著我踏進園區，他說目前腳下生機勃勃的草地得來不易，在團隊剛接手的時候，這片土地本來是一片水泥地。

易愷是自然圈農場的二代，有一天，他父親因緣際會在卓蘭買了一塊地，之後就交給謝易愷，跟他說「要做什麼都可以」。謝易愷親臨現場，一看之下，發現這裡是一大片停車場，過去附近可能有寺廟，會有香客前來進香，於是蓋了停車場。

想要好好開發這片土地，謝易愷開始著手除掉水泥地，一挖下去，才發現挑戰才剛開始。原來水泥地下面全都是垃圾與廢棄物，要恢復這片土地，還有很長的路要走。謝易愷說，好在自己有一群身懷絕技的朋友，其中一位是學土壤的，正愁台灣沒有地方讓他一展身手，於是開始處理廢棄物、整地，進行土壤改良。在這群年輕人細心的照顧之下，這片土地開始恢復生息，可以種出很多作物，最讓我印象深刻的，是現場看到改良過後的白色茄子。

整頓好土地，易愷很善於經營，除了經營農場，他也把自然圈打造成一個露營聖地。打破過去露營克難、全都要自己來的既有形式，他看準一群希望在週末或假期短暫逃離都市的露營新手，打造了專屬獨立包廂式營地，提供舒適美觀的露營與衛浴設備，還可以體驗採果、森林浴、泡湯等活動，讓消費者只要帶著簡單的盥洗用品與衣物，就可以來一趟露營之旅。

如今，自然圈農場的營地在露營圈炙手可熱，連假期間都要提早預約，否則一位難求。自然圈農場在恢復生態、愛護環境之餘，也創新找到商業模式，看準上班族需求，以療癒式露營體驗，創造新型態的旅遊模式。

橘二代的活力青年黃文詣

文詣是個很有想法的青年，返鄉後發現青農不能單打獨鬥，於是串連了大家，組成「返青富民」聯誼會，一起努力解決問題。二〇二〇年夏日午後那次拜訪，看到了文詣的爸爸，從他身上看到台灣農民辛苦的一面，也從他的眼神中看到對兒子的期待。文詣邀集了當地的青農，我們就坐在用裝盛橘子的木箱子當成椅子和桌子的克難場地聊起來。台灣農業問題如麻，所有青農也都一清二楚，但大家似乎都使不上力。我唯一的建議是面對極端氣候、面對台灣是以貿易為主的兩大前提下，大家必須用科技來解決農業問題，才能跳脫舊有的框架，走出真正的未來。

新竹

科學園區之外的山光湖景與永續之光

談到新竹，除了科學園區，你還會想到什麼？

從族群的角度來看，新竹其實是一個很多元的地方，最早是平埔族原住民居住於此，後來十八世紀漢人來台拓墾，一九四九年外省族群移入，一九八〇年代設立新竹科學園區與工業研究院，就業人口從台灣各地移入，近年，還有外配與移工。這塊土地上族群幾經聚離，構成現在的樣貌。

新竹縣市是台灣過去五年人口持續成長的縣市，除了移入人口，新生兒的比例都在增加，其他縣市因學生人數不足面臨減班、廢校的壓力，新竹縣卻一直在蓋新的小學。所以「城鄉差距」說法好像也沒有什麼邏輯，而且還可能以偏概全。事實上新竹縣市是同一個生活圈，行政區域的政治劃分形式意義大於實質。

新竹地區很精采，除了科技產業，也有自然美景與歷史文化。要如何讓生活在這塊土地上的人，能真的活在新竹，跟風土與地方產生關聯，只要透過盤點地方ＤＮＡ不難達成。

讓時間重置的湖光村——十二寮

二〇二〇年二月二日，我來到新竹縣峨眉鄉的十二寮。這裡有湖光山色，有整排的楓香可賞、有健行步道可走。十二寮的物產「峨眉桶柑」和「東方美人茶」，在全國也是名列前茅的農產品。

這次來到富饒優美的十二寮，我來到「免費商店」拜訪今天的主角——「時間銀行」的創辦人徐健智。三十歲出頭的徐健智，過去在澳洲攻讀廣告

策略與視覺傳達，拿下雙碩士，二〇一六年回國之後，來到十二寮，開始施展他的「時間魔法」。

徐健智與夥伴一起打造「時間銀行」APP，在這裡如果你需要什麼樣的幫忙或教學，要付的不是錢，而是你的時間。想學吉他、學英文還是搭便車，只要在APP裡寫上需求，電腦自動會幫你媒合適合的人選，付出時間的人可以獲得時間幣，應用到下一個交易。

來免費商店學真正重要的事

此外，徐健智還打造了一個不收金錢，只能以物易物的「免費商店」，裡面還有一個「共享冰箱」，食物在當中可以自由流通，可能今天多了一顆高麗菜，少了兩瓶飲料，誰都可以來貢獻自己多的、拿走自己所需要的。

徐健智說，他透過免費商店裡以物易物的體驗，希望讓人們可以去反思：「到底什麼是自己需要的？」以及「什麼是對自己真正重要的？」

十二寮是一個客家莊，不論是免費商店，還是時光銀行，都是基於客家人互助共好的精神去做設計，也拉近外界與村莊的距離。打造時光村，後續在地行銷團隊說明透過節慶活動結合產業、環境、人才、文化、科技等形塑十二寮時光村在地品牌的過程。

目前，時光銀行獲得國發會的協助加上民間投資的經費，要先從面湖的湖光村開始做起，期許未來延伸到整個十二寮，也可以將方法複製到其他地方。數位經濟時代來臨，提供我們很好的機會，透過科技導入於行銷、通路與品牌建立，在虛實整合之下，全世界都是我們的市場。

峨眉鄉公所有一位非常熱血與熱誠的同仁，他不但主動積極協助地方凝聚共識，也幫地方勾勒最理想的創生計畫，獲得鄉民的支持與肯定。他帶我到湖邊，告訴我，在這麼美的十二寮大埤裡，其實藏著一個令在地人很頭痛的大麻煩，就是布袋蓮。原來大量的布袋蓮，會破壞水下生態，於是區公所每年都要花一、兩百萬去清除，清完之後它又會長出來，周而復始。除了每年需要編列經費移除，除掉的布袋蓮，農委會說不是農業廢棄物，環保署也說不是民生垃圾，都不是他們的業管。在國發會的會議室討論，空氣凝結，差點爆發口角。我非常的遺憾這點小事，部會都不願幫個忙，執著於本位，爭執無謂的法規堅持。對一個基層積極想幫地方解決問題的公務員真是情何以堪。

這件事一直放在我心中。再次來到新竹，我到一間工程師多來自中科院退休的環保公司，他們研發如何透過將廢棄物溶解，循環再利用可以達到零廢棄目標。因為在研發階段，尚待商轉需要募集資金，我看了他們技術及團隊的能力，建議他們向國發基金申請天使投資試試看。討論時突然靈光一現，我請教中科院的博士，布袋蓮可以試試嗎？他們答應研究一下。一週後我在國發會辦公室收到成品，用布袋蓮做成可以分解回收的塑膠袋與吸管，這是個令人雀躍的消息，我馬上請同仁聯絡十二寮的團隊，希望可以有效解決多年的困擾。

繼承父志的木酢達人——陳偉誠

在林全院長任內我去了一趟峨眉鄉，那天的主軸在視察浪漫台三線的規劃。在賴清德院長任內，我參與了院長巡視湖口老街，並於峨眉教堂後面的空間與地方青年對談的行程。那次我第一次見到陳偉誠，他負責報告在地年輕人返鄉創業的經驗及對地方的觀察，我則代表國發會報告地方創生計畫的規劃情形。這是我們第一次的交流，我對他的木酢達人身分很有興趣，我對他要幫助湖口老街數位化的決心，非常敬佩。

由於偉誠是接班父親的木炭產業，已略具基礎與規模，相較於官田剛開始在研發菱殼炭，我直覺兩個團隊應該要交流，就這樣我一直和偉誠保持連繫，也向他學習。

偉誠的父親開的是木炭工廠，從小就在木炭工廠長大，人在裡頭呼吸的空氣都是木屑的粉塵，講話都要很大聲才聽得到。小時候畫了畫跑進工廠想要給爸媽看，媽媽說腳會弄髒，不要進來，陳偉誠說：「但我就是想要跟他們在一起。」

木炭業是夕陽產業，終日辛苦賺取微薄利潤。二〇〇三年，陳偉誠的父親，聽說日本人研究發現，五百度高溫製作原子炭時，將空氣裡的煙收集起來，能萃取出木頭裡百分之四的醋酸，他們稱為「液體黑金」，也就是木酢液，具有除臭抑菌能力，經SGS檢驗證明，對金黃色葡萄球菌與大腸桿菌能百分之九十九・九

九有效抑菌，開啟陳爸爸打算企業轉型的動機。

陳偉誠的父親，開始接觸木酢液技術並投資千萬，商請傳統代工廠製造洗髮精與沐浴乳，但化學香精味太重，不符合市場需求，最終經營不善而導致工廠幾乎倒閉。

堅持不懈，木酢液重啟生命之光

而從大學開始就一直在想，要怎麼翻轉家裡事業的陳偉誠，不願意放棄父親的心血，於二〇〇五年創業，全心投入研發，決心要讓木酢液重生。他說，創新研發之路並不好走，要怎麼除去木酢液的醋酸味？台灣人習慣清潔用品要稠稠的，用什麼當增稠劑，對人體才無害？配方成本太高了怎麼辦？如何可以被消費者接受？陳偉誠一路自己悶頭研究，直到二〇〇九年認識了本來任職於藥廠的研發人員，研發之路才看見曙光。

開發出來的新產品，陳偉誠團隊依循「生態炭循環經濟」，回收龍眼木、荔枝及相思樹材等農林剩餘資材，再透過進料管理、樹種分類、乾餾炭化工作、收取高溫水煙、產出炭與木酢等步驟，提煉木酢液，並與天然材料結合，製成安心無添加的居家

清潔用品，陳偉誠的「木酢達人」名聲因此而起。

以自己的資工背景，很快的透過電商平台技術，陳偉誠成功的將木酢產品銷售至全台逾八萬個家庭與全球七個地區客戶，也在二〇一四年榮獲經濟部金網獎，二〇一七年起連續三年榮獲新竹縣「新竹良品」。陳偉誠從希望為父母分擔辛勞的初心開始創業，到為人父母，堅持要開發出讓自己小孩也能安心使用的好產品。

「木酢達人」品牌的建立，成功將這份對家人的愛，傳遞給消費者，目前「木酢達人」已經是個數十人的團隊，地方創生不僅扭轉了木炭廠的產業劣勢，也為地方創造了就業機會。

我離開國發會前曾經舉辦一場地方創生經驗分享會，邀請包括偉誠的幾位典範人物前來分享。當天偉誠還帶了他的新產品，木炭小盆栽，用一點巧思，可以讓木炭擁有更多元的運用面向，也完全突破木炭傳統的用途思維，令人驚豔。

偉誠告訴我，除了本業，他目前也協助在地一級產業的農民朋友，包括竹東有機米、關西醬油、湖口頭等獎蜂蜜、北埔柑橘、百年餅舖等產品在他的電商網路上架，增加曝光機會，且透過他本身的流量與關鍵字等技術來帶動幾位能量較好的廠商做加速數位轉型，回饋鄉里。

此外，他用「從種下的一棵樹，開始循環經濟」的概念，認養湖口後山兩公頃閒置林地，配合縣府與鄉公所規劃的「修林養護炭產業，林下月桃新創聚」計畫，推動林木教育的推廣。甚至還啟動與校園的合作計畫，提出「林木剩餘資材再利用解方」與清華大

學、中國科技大學等合作，不但可以節省校園內每年要花百萬處理正常修枝，及廢棄木直接進焚化爐的浪費外，也透過這個機會讓偉誠的爸爸及叔伯輩們重拾過去老木匠的職人生涯，製作精美的木製家俱與擺設。偉誠說好久以來和父親沒有共同話題，但現在爸爸會跟他分享苦苓的樹紋路、相思木的硬質地，到樟樹做鞋櫃有防臭防蟲的故事，看到七十四歲的爸爸又燃起對事業的雄心，讓他非常的感動。

台灣的木都在嘉義、木雕在苗栗三義，現在新竹湖口就是「剩餘資材應用」的代表，未來更是以森林永續的目標，帶動地方生態地貌的保護，發展永續綠色循環經濟產業，讓下一代有機會在湖口與自然共存，世世代代生活下去。面對氣候變遷，木酢達人已跨域的利用回收修枝與農業廢棄物在零污染、零浪費的原則下作成「室內炭盆栽、室外炭仿生建材」來幫助室內降溫、改善空氣品質，我期待台灣面對氣候災難，可以從綠建築材料翻轉思維，從結構問題開始處理，偉誠就是站在正確路上的引領人，除了鼓勵加油，也願與他攜手合作。

另外，偉誠也還是依照自己的腳步執行各項和地方創生攸關的工作，包括協助村辦公室溪床整頓、與中國科大進行規劃生態復育，把後山的獨角仙、螢火蟲、穿山甲、藍鵲等動物棲息地復育等，目前都有不錯的進展。

林木養護
林木過於茂盛 經過適當整伐
可讓留存之林木生長更健康
生態
鼓勵植樹
透過專業的規劃鼓勵植樹，
協同建立起護林生態
木材分類
依木材大小及品質來做後續
生產的區分
林木生態
永續循環
生產
市場銷售
透過多樣性的特色環保生活
產品創造出良好的市場銷售
木作/木炭/木酢
分類後的處理，由木作到木
炭的燒取，並收集煙靜置產
生木酢液
生活
品質及跨域應用
透過專業的研發生產及藝術
作品產出更有價值的應用
木酢達人以『生態、生產、生活』的共好共存
讓林木修整獲得再利用的機會
所生產的木作/木炭/木酢液
可以運用在復育林地與家庭生活清潔需求
能在經濟生產過程中
保持與環境的共生循環
展開循環經濟藍圖的典範

桃園

來自外部推力的年輕城市

桃園市是台灣六個直轄市之中最年輕的城市，居民平均年齡不到四十歲。因為受到雙北市房價高漲的外溢效果，近年人口數不斷攀升。在台北打拚、有購屋需求的三、四十歲青壯年們，彼此經常討論的話題是：「要不要去桃園看房子？」、「高鐵很快也很方便，加上交通費也比住在台北省錢！」

近年，桃園市著重於硬體建設，各重劃區大樓林立，公共建設不斷，但一直到目前為止，桃園市都還尚未提出具體的地方創生計畫。人口年輕、人口基數不斷攀升的桃園，難道真的不需要地方創生？

事實上，對桃園市來說，無論市民平均年齡的年輕化或者人口數量的增加，皆來自雙北減壓的外溢效果，本地人口成長的主要驅動力來自外部推力，而非源於桃園自身內部的吸力。

人口年輕且持續成長的桃園，目前從表面上看來，或許還不是地方創生的重點區域。但就長期而言，我們仍需用平常心去探究人口增加的真實原因，並勇敢面對數字背後的真相。

水蜜桃的永續大挑戰

談到桃園市的地方創生，我較關注的是復興區。

二〇一四年桃園縣改制為直轄市後，復興鄉亦更名為「復興區」。復興區是桃園唯一的原住民區，主要的產業是拉拉山的水蜜桃，銷售成績極佳，在市場上往往供不應求。然而，歷經長期的過度開發與開路，此處面臨了水土保持及環境破壞等問題，加上近年來氣候變遷，水蜜桃產量不穩定，無疑成為當地民眾的挑戰。

環境問題撼動農作根基，農業中常見的勞動力不足與傳承上的斷層，更如同雪上加霜。林峻丞的簡報中那幕孩子一臉茫然，不知道今天跟著爸媽到果園做什麼，只能在旁邊玩，以後要不要繼承爸媽的果園？這個產業的未來在哪裡？都是未知數。

回過頭來，像這樣的復興區，難道不需要地方創生？現在的復興區，其實比任何地方都更迫切需要推動地方創生，唯有藉由長期的策略來調節複雜的社會、產業與環境問題，才能以永續發展作為主要的考量，去規劃與創造家鄉的未來。

帶動大溪發展的年輕力量

在地域振興聯盟的年會中，我認識了邱照明，他和太太在桃園大溪經營農場及食農教育體驗活動，名稱是「跟著農夫田裡鬧」，很有創意的口號。當時他用手機秀出許多前去農場體驗的孩童在玩泥巴及採收青菜的照片，拍得極好，這些都是父母希望帶給孩子的記憶。於是相約在一個夏日的午後，我帶著台灣最大的創新教育策展大師，雜學校的校長蘇仰志一同前往拜訪邱照明。當天不是假日，但碰到大溪廟會，人潮洶湧，道路管制，我們比相約見面時間遲了好久才到。

我發覺農場的體驗場景還有很大的改善空間，不能只有玩泥巴，體驗教育的內涵也還可以更深入。下午照明找了當地數十個青年一起交流，我發現有許多商業模式已成熟，例如天邑農莊。而照明和太太及社區發展協會理事長是大溪團隊的粽子頭，我相信他們可以集結眾力、勇往直前。

台北／

首都減壓下的均衡議題

二〇二〇年六月三十日，在嘉義市舉辦的「台灣地域振興聯盟年會」，我在開幕致詞時說，推動地方創生目的是讓台灣均衡發展，所以，與其讓台北市單獨往前走一百步，還不如二十二個縣市手牽手一起往前走一大步。

這並不代表台北市就不需要推動地方創生。相反的，台北也需要地方創生，只是方法、策略與目標未必相同罷了。另外，台北市十二個行政區，人、文、地、產、景等的條件也未必相同，資源及待處理的問題也不相同，所以因地制宜是在每個城市都適用的原則。

舊風華與新時代的混搭——大稻埕與北投

近年來，台北市的人口逐步遞減，人口外溢的效果發酵，首都開始「減壓」，這是我們所樂見的。而台北市的發展，最精華的商圈，持續不斷轉移，從西門町、東區的頂好商圈到信義區，現在則看到內湖與南港的發展急速超前，即將飽和，最後一塊科技園區的開發就落地在士林與北投。對台北市而言，目前需要的不是通盤性的往前衝，而是區域間的均衡發展。新區域興起的同時，有些地方卻正在凋零中，例如文山、北投、大稻埕等。以文山區來說，目前處於較缺乏整體地方創生規劃的狀態。但在大稻埕，過去這一段時間裡，有很多年輕人進駐本地創業和就業，結合文史、投入街區的活化，出現了各種獨立書店、文創商店及小酒館，與南北貨、中藥店混搭出新穎的風貌。他們找到自己的定位，走出屬於自己的一條路。我曾造訪游智維位於長安西路上的新據點——SIDOLI RADIO（小島裡），用聲音記錄台灣，許多過去時代留下來的聲音都讓人心頭一顫，十分感動，這些DNA就是地方創生最佳元素。

談到北投的地方創生，就要特別提到立法委員吳思瑤。吳委員可以說是最支持地方創生的立委之一，對地方創生有很宏遠的理想和企圖心，在向行政院、國發會或教育部質詢時，都提出了許多具體的地方創生建議。此外，吳委員在自己的選區「北投、士林區」，更是力行實踐，進行地方文史資料的盤點，並邀請北投與天母在地藝文團體攜手規劃，出版《在地 real local：北投・天母》一書，介紹北投和天母在地生活的迷人之處。如今提到北投，已經不再像過去只聯想到飲酒文化與溫泉，現在的年輕人會特別跑去北投參加文創市集、藝文沙龍，濃郁的文化氣息吸引不少人潮。

從台北市的創生經驗中，我們可以發現，並非大都市就不需要地方創生。尤其是在人口開始外溢之後，台北市在都市規劃上，應該要想辦法推行減法，重新改造生活環境，投入地方創生以均衡區域發展。

馬祖

隔著海養成
獨特的 DNA

台灣有澎湖、金門、馬祖、綠島、蘭嶼及小琉球等離島，前三者獨立成為一個行政區，後三者則附屬在縣治下的鄉鎮。六個島嶼各擁特色、各具美景及一票鐵粉。

人口數逆勢上升的離島

攤開數字，令人意外的是，近年全台人口數下滑，但離島三縣的人口數皆逆勢上升。其原因當然可以再深入研究，但相較於台灣的若干縣市，離島的許多福利並不差，常住人口雖不多，但戶籍人口是增加的。而三個縣的共同點，就是非常依賴觀光創造消費與經濟效益。

離島要如何透過既有地方特色的DNA來吸引觀光客前來旅遊體驗，翻轉台灣觀光長期以來都是走馬看花、快速拍照打卡的模式。而能重新建立黏著度，提高回客率，或利用常態性慶典活動創造關係人口，克服淡旺季的困境，解決交通的不便。這些長存的問題對離島來說，都仍是挑戰。

我和馬祖特別有緣，過去三年我已造訪馬祖超過十次，對於馬祖的認識也較深入，這本書就和大家分享馬祖地方創生的現在與未來。

需要被關愛的馬祖

提到馬祖，我常常說她是「需要被關愛的馬祖」，原因是相較於金門與澎湖，她的建設與資源相對不足，但她就像一塊璞玉，擦亮她，她的精采是不落人後的。

每每在分享台灣的地方創生故事時，我都會做一個現場民調，百分之八十以上的人沒有到訪過馬祖，而去過的人中，一半是當兵。所以台灣人對馬祖的認識很少，可以準確說出方位、距離的人更少。

馬祖一點都不遠，從台北松山機場搭機五十分鐘以內就能到，相當於高鐵台北到台中的時間；如果搭船，晚上十點從基隆上台馬輪，睡一覺，早上六點就到馬祖。遠嗎？一點都不。

所以，第一個要克服的是我們對交通距離的刻板印象。地理上的距離，換算時間的移動距離，其實是很近的。

值得細細品味的馬祖風光

馬祖四鄉五島，天然地形不如金門、澎湖。南北竿雖都有機場，但受限於腹地，機場的降落要靠目測，一旦起霧天候不佳，就得停飛。南竿、北竿、東莒、東引不但地勢陡峭、道路上下起伏大，大型公共運輸交通也有所不便，五島的串連要靠船舶，沒有公路的連結，不像澎湖有跨海大橋、金門即將有金門大橋。在經濟條件上，金門酒廠年營收超過百億，可以挹注縣庫；馬祖雖有老酒、有高粱酒，但沒有金酒的規模與靈活的經營體制。

過去，馬祖也曾有「八八坑道」高粱酒的品牌，被人買走之後，目前只能用「馬祖高粱」作為品牌名稱。消費者對於「馬祖高粱」相對比較陌生。金門的陳高一瓶可賣三千多

塊，馬祖陳高售價只有一千多，價格有差距，量也不夠多。

馬祖的優勢在於多樣性，南竿是縣政府所在地，媽祖站在高山上庇佑大眾、北竿有地中海風情的芹壁村、東引有岩石堆疊的美景、東莒有好玩令人陶醉的潮間帶、大坵還可以看到梅花鹿，各有特色，美不勝收。

劉增應縣長上任後，已年年獲得《遠見》評比的五顆星縣長，他在縣政推動上的成績，無庸贅述，在吸引觀光客部分，馬祖的「藍眼淚」一炮而紅，都是縣長和團隊的精心策劃與行銷。每年到了藍眼淚時節，機票總是一票難求，甚至還有前一年就預訂的狀況。我到訪馬祖那麼多次，看到最多的藍眼淚是在北海坑道內。

來到北海坑道，我刻意站在「坑」字的前面遮掉它，讓照片上只出現「北海道」三字，想掩耳盜鈴一下。國人喜歡到日本旅遊，北海道是熱門的選項，儘管天氣寒冷，仍有死忠的鐵粉，仍然會定期到訪，我以為馬祖也行啊！北海坑道雖是人工挖掘，但它所呈現的渾然天成的氣勢，與不同時間顯現不同的姿態，豈是鬼斧神工可以道盡。我特別喜歡進入北海坑道後，搖櫓航行在ㄇ字形的水道時，不受打擾，我會請解說大哥在上船前或下船後在岸上說明，因為進入坑道，要用耳朵去享受靜謐的氣氛，用眼睛去讚嘆這些石頭訴說著大器與神奇。當搖櫓行走到第一個轉彎處，你會情不自禁的以為自己就像來到《歌劇魅影》中劇院底下的河流，此時船上好友共同選一首歌，〈綠島小夜曲〉也罷、〈You raise me up〉也好，伴隨水聲與坑道回音，除了陶醉還是陶醉。

美麗的芹壁，蔚藍的大海旁，素雅的石頭屋坐落整片的山壁，景觀不輸地中海，這些老屋的修建，以維護文化資產的高度及不破壞歷史軌跡的作法，讓所有的老建築都保存了下來，是應給予大力肯定的，而連江縣政府扮演了重要的政策引導是關鍵，不禁要給文化局長按個讚。其中興建於一八七二年的「承昌居」，如果大門沒有上鎖，即使沒有看到主人，也一定要試著進去參觀一下。所有樑柱的木頭都是保留原貌，長度足以貫穿整個樓層，沒有做任何的切割，也沒有用釘子，木頭散發著香氣，古樸中有著屬於馬祖的氣質。這才是文化歷史的記憶。高高低低的轉角處處有驚奇，也可以看到許多的特色商店，都值得一探究竟。芹壁平台上的餐廳有全世界在這裡才吃得到的「老酒披薩」，清晨的日出、傍晚的夕陽，沙灘漫步，真是個療癒的好地方。

如果芹壁村的民宿已滿，也可試試較高的雲記山莊，山莊主人是來自東引的陳紫開校長，他說，蓋這八間房本來是家人團聚時用的，或三五好友全家一起來聚聚時用的，最後才是提供遊客住宿。山莊的視野可以眺望大海，還可看到北竿機場飛機的起降。庭院裡一棵很有造型的烏桕大樹下，坐在搖椅上，享受悠閒自在。陳校長還是個書法家，喜歡他的字畫，可以請他賜下。

我曾上去大坵島三次，大坵距離北竿搭船只需十分鐘。一上岸就會有迎賓梅花鹿站在碼頭迎接。島上只有一位來自台灣的島主及復育中的梅花鹿。第一次到訪是由劉縣長陪同，當時縣府已提出完整的計畫，期待中央政府可以協助。我發現大坵島有發展的潛力，除了地勢上屬於丘陵，必須有安全的步道規劃外，有廢棄兼具歷史意義的學校教室、軍事防衛的設施都是亮點，而島主的民宿也很有特色，神奇的是在這一人島嶼居然有一台昂貴的平台鋼琴，聽說定期會有來自台北的貴婦團會進住及演奏。這裡的梅花鹿，沒有京都奈良的習氣，友善且害羞，可以跟隨著旅人一起散步。之後兩次造訪，都有顯著的進展，且所有的工法依循自然生態的方法，不做過度設計，也不影響既有景觀。在資源貧瘠且人工缺乏的馬祖，這樣的行動力與執行力是應該給予肯定的。陳如嵐鄉長透露除了島主，馬上就有新住民入住，我以為大坵的確是個可以好好規劃的新島嶼。

熱情與行動力兼具的「馬青」

馬祖帶給我的另一個感動就是返鄉的青年。二〇一二年，馬祖博弈公投後，許多馬祖青年的家鄉意識開始被喚醒；在二〇一七年六月，一群馬祖青年成立了「馬祖青年發展協會」，第一任理事長是年輕的新媽媽曹雅評，認識她時她剛新婚不久，之後再到馬祖看她挺著肚子，精神奕奕的跟著我們奔波，完全沒有疲態，也沒有疏忽協會大大小小的事，很是佩服。協會成員年齡橫跨二十歲到三十歲，是一群非常年輕願為家鄉貢獻的青年。大家專長與背景各異，不過共同的目標，就是希望透過年輕人的視角與力量，為馬祖帶來改變。於是「馬青」一詞正式出現，泛指回鄉創生的馬祖青年。

在二代接班的劉浩晨經營的旅宿「日光春和」大廳內，聚集了十數位的馬青，那是我和馬青的第一次交流，和我同行的有AAMA台北搖籃計畫的顏漏有校長，旅宿平台的創辦人鄭兆剛、吳昭輝等。日光春和是一幢重新改造的旅店，建材或許稱不上高檔，但品味極佳，且在海景第一排，每次入住都會遇到外國人來 long stay。浩晨說，馬青們很想為馬祖奉獻，但受限於環境，視野難以打開，且需要與台灣年輕人交流，他的建議促成了這一次的互動機會。當天晚上大家使出渾身解數把自己的夢想、創業或為家鄉的努力傾吐一番，欲罷不能到半夜還沒辦法停止。馬青們不但對家鄉深具熱情，也對自己成長與生活的地方，有很多不同的想法，顛覆過去老一輩的思維，以強大的執行力，在故鄉的土地上打造自己想要的生活。

AAMA 顏湯有校長也被馬青給感動了，於是我們邀請了有非常多實作經驗的風土經濟學專家洪震宇老師來輔導馬青，協助馬祖找到自己獨一無二的 DNA，規劃屬於自己的地方創生計畫。

傳統市場的小柒咖啡

在南竿最熱鬧的傳統市場二樓，思奇在這裡有個小小攤位，簡單明亮，叫做「市集咖啡」，品牌叫做「小柒 Z.O Coffee」（原名 Zero Coffee），環繞類似吧台的設計就只有七個座位，每天早上七點開市，十點休市。思奇賣的是手沖咖啡，用的豆子是自己烘焙的，所以也兼賣咖啡豆及咖啡包，他是有證照的咖啡專家。在這個攤位背後是馬祖人的早餐，有鍋邊趖、魚丸湯、蚵嗲等，老媽媽們買菜後三五成群坐著邊吃邊聊天，展開一天的生活。

以傳統市場開放式攤位販賣精品咖啡，恐怕是全國唯一。年輕帶點稚氣的思奇剛剛當爸爸，他是資工背景，另一個斜槓工作是幫客戶解決電腦操作上碰到的所有難題，包括軟硬體。他的咖啡好喝，是他對咖啡研究的透澈，加上專業的沖泡手法與嚴謹的態度，帶給大家另一種生活體驗與享受。思奇不僅會沖咖啡，也會講咖啡，每次到訪馬祖，總有一個早上是坐在思奇的攤位上聽他聊最近的新研發、品嚐最有故事的咖啡。相信嗎？這裡的精品咖啡不是平價的，最頂級的一杯要四百元！這就是品味。

馬青的十八般武藝斜槓人生

周小馬也是知名「馬青」之一，介紹馬祖的導覽功力堪稱一絕，是當紅的在地導遊，也是知名的藍眼淚「追淚人」與攝影師。周小馬和另一位斜槓青年，共同經營「馬祖實驗室」的YouTube頻道，透過影片讓更多人認識馬祖，除了導遊的本業外，而他們的工作還有救生員、義消、義交、義警、販賣機補貨員、鐵工、社區發展推手、碼頭裝卸貨工，甚至還是當地少數的撿骨師，幾乎無所不做，只要有需要都是他們的工作內容。這或許就是偏鄉人才需求的現象，年輕人的韌性表現，姚小懿甚至在馬祖研發精釀啤酒，創意及不怕難，令人佩服。

富創意的戰地標語巧克力

倩文姐妹是沐光民宿的女主人，回鄉短短三年就把民宿經營得很有特色。但限於淡旺季，因此她們跨業製作巧克力。第一次造訪時，我深知馬祖沒有巧克力的原料——可可樹，所以要做賣得出去的巧克力必須有創新、有巧思。果然，在二〇一九年底國發會在松菸舉辦的地方創生展，看到了馬祖女婿承緯，也看到攤位上極富創意的軍事標語及武器造型的巧克力，非常有感。有「枕戈待旦」、「軍民一家」、「同島一命」等。比利時同樣不生產可可，但比利時的巧克力全世界有名，這就是個機會。

地靈人傑的馬祖，特殊的歷史與自然環境醞釀出獨特的風景，匱乏資源下的「求生欲」，也造就「馬青」們極致的斜槓能力與生命力。東莒的芷屏、東引的沛原她們都是正在寫自己與家鄉故事的年輕女力，非常期待也高度祝福。馬祖的美，用文字是難以道盡的，親自去到馬祖細細品味才是最好的建議。

感謝劉增應縣長、張永江議長、陳雪生立委、陳如嵐鄉長、林德建鄉長及海洋大學馬祖分校張文哲處長共同合力推動馬祖的地方創生工作，讓回鄉及年輕世代看見未來。

第三部

台灣地方創生未來式

What's Next?

除了認同「台灣是我的家」外，我們是不是對出生、長大、生活中的家鄉有更深的認識與瞭解？教育是根本、領導是關鍵。面對結構性問題，何時可以勇敢面對它、接受它、處理它，是台灣不再有偏鄉夢想實現的鑰匙。地方創生，不必在年輕人身上標記責任，也不在老年人身上找答案，這是生活在這片土地上的每個人應有的承擔，當做是個全民運動，我們一起用輕鬆的態度、正確的方法，解決台灣未來發展關鍵的嚴肅議題。

回顧與反思

總結過去幾年台灣的地方創生推動情形，或許可以做這樣的歸納。

二〇一六至二〇一七年台灣搭上日本啟動國家級地方創生總合計畫的風潮，以design thinking的思維做為出發點，當時的國發會抱持著學習日本經驗的心態，透過公私協力，與中華民國設計學會合作，選出示範團隊，以「設計翻轉·地方創生」做為起手式。「宜蘭斑」、「福灣巧克力」、「坪林新世代茶農」可為代表。

二〇一七至二〇一八年，是政策暖身期，國發會開始進行傾聽與規劃。包括公部門間跨部會橫向協調、中央與地方的垂直政策溝通以及公部門與外部的意見蒐集、交流與互動，目的在凝聚共識，建構計畫的周延性及可行性。

二〇一八年五月二十日是重要的關鍵時刻，賴清德院長親自主持行政院地方創生會報，擔任召集人宣布二〇一九年為台灣地方創生元年。從此，捲起袖子腳踏實地的實作，就此展開。

二〇一九年是擾動地方的一年，地方創生的概念開始在地方發酵。我帶著同仁走入民間，拜訪團隊。除了喚起已經植根的團隊有機會重新檢視在地需求和地方創生的關聯外，也展開與地方政府的共識凝聚，當然也開始向企業尋求資源，期待大家手牽手，用地方創生為台灣的未來盡一份心力。

這一年我看到了地方創生成為顯學，各種書籍陸續出版，多數人都聽過地方創生這四個字。而地方政府的表現呈積極與消極明顯的差異。第一個在國發會平台通過的是台東縣鹿野鄉及延平鄉所提的計畫，其次是屏東的牡丹鄉及宜蘭的三星鄉。而全國第一個提出跨鄉鎮整合計畫的是屏東縣政府、第一個成立專案辦公室的城市是雲林縣、將地方創生與既有創業相關系統整合設有單一窗口的則是台東縣政府。

二〇二〇年我們欣見許多令人感動的故事如雨後春筍般的從在地冒出，在地團隊找到方法，吸收到足夠的養分，對自己有信心，水到渠成，浮現成果。我開始展開「美伶姐的地方創生奇幻旅程」，與地方創生團隊「交陪」，幫他們找到發展的痛點，協助提出total solution，團隊開始懂得藉由共學，互相「挖坑」，引介資源，跨界整合，成為一個一個的亮點，這就是共好、共創、共榮的展現。

這股地方的生命力與活力，令人感動。

二〇二〇年五月二十日我離開了公部門，我最深的期待就是，這些已發新芽、已開始長大的新苗，一定要讓它好好健康的長大，千萬不要揠苗助長，一定要給予成長需要的時間、空間與機會！而過去這一年，我的腳步並沒有停歇，我成為一個傳播者、一個傳教士，我的分享簡報不斷的豐富內容，頁數已增加了一倍多。台灣地方創生二年，我仍全力以赴，任內規劃要完成的《二地居》及《新創導入地方創生再進化》兩本書也感謝昔日同仁、林承毅老師及遠見與天下兩個事業群協助完成，沒有跳票。

今年（二〇二一年）是地方創生三年，國發會提出許多新的做法也編列了非常可觀的預算，我期待這些計畫及經費可以真正發揮功能及提供助力，畢竟不在其位不謀其政，批評不能解決問題，但我衷心希望我的疑慮不會成真。現在的我就從這本書開始，自民間組織出發，打造台灣地方創生的大平台，持續為台灣的地方創生奉獻心力。

KOL的啟發

林事務所林承毅執行長是這些年來在地方創生界非常具有代表性的KOL，也是個思想啟迪者。今年三月十二日地域振興聯盟在新竹市舉辦「換帖春宴」，五十個團隊參加，每隊三分鐘說明自己的現況及需要努力方向。印象深刻的有許多，但承毅在最後提出「地方創生未來式」的十一個提醒，包括地域品牌、國際串連、全齡共創等概念，猶如暮鼓晨鐘。老王——台青蕉的王繼維，念了他在《關鍵評論網》的投稿，標題是「地方創生仰賴非營利組織，『事主變公親』可說是台灣第三部門的危機」，二人所提出的警語，在我心上重重的打上一拳，給我反饋的機會。

近日看到何培鈞在他的臉書PO文，他勉勵投入地方創生的年輕人說：「你要勇敢的發自自己的內心，為了自己渴望改變地方的目標，去進行社會實踐的創生運動，因此，你會傷痕累累，也會因此獲得榮譽勳章！所以，創生之所以彌足珍貴，是在於那些最後所被讚揚頌德的經典與結局，都需要用自己的人生，付出慘痛代價的昇華與蛻變。」雖然有點嚴肅，但點出實踐者的態度，我深有同感。

創生塾
好頻
對講機

2021第二屆遠見雜誌
大學社會責任獎 決選會

台灣過去四十年的變革，不管政治體制從威權走向民主、行政院的組織改造超過三十年，機關數並沒有真正減少、精省到六都形成現在的半吊子地方制度，甚或第三部門與準公共部門（行政法人）的茁壯等等，我均躬逢其盛。二〇二〇新冠肺炎疫情改變了人類的生活，數位轉型重塑世界未來景象，我也經歷了。展望未來，地方創生這帖藥方不是慢性處方箋，除了定期拿藥，還必須隨時注意身體狀況的變化，還要定期做健康檢查，調整體質，面對它，接受它，把結構性的問題抽絲剝繭一一解決，才能有台灣的永續發展，下一代才能安身立命。

從地方創生的實踐看到的結構性問題

一、戶籍人口、常住人口、關係人口、移住人口的糾結

二〇一八年地方選舉當天，投完票我和一位出家法師通電話，我好奇的問法師：「您投票了嗎？您在哪兒投票？」他回答我：「在我俗家的戶籍地投票。」我再問他：「那你平常有關心當地的民意代表嗎？你如何決定投票對象？」法師

大笑。出家人不過問世俗，但仍關心國家大事，只是俗家在地的民意代表已離他很遠，蓋章那一刻我猜想心頭未必是篤定的。

選舉後，我來到中興新村和新任的里長座談，其中一位里長告訴我，他所在的里因國發會在中興新村活化工作啟動，有明顯的移入人口，但戶籍都沒有遷進來。他問，這些非他「選民」的「住民」，是否也是他應服務的對象？政府各單位請里長協助的事項，包括許多的傳單或宣傳手冊是以戶籍做為計算單位，難道他要自己出資去加印嗎？

最近一次參訪新北市金山區，和汪汪地瓜園主人賴家華聊到人口問題，我考家華金山有多少常住人口？沒想到他真的有做過功課！家華用台電提供的家戶用電量數據，精準的推估常住人口，給我一個有科學依據的數字，我佩服他的用心及找方法。果然，戶籍人口與常住人口有極大的落差。

南科拜台積電擴廠之賜，造就了台南善化、新市、麻豆、西港等周邊的房價高漲，年輕工程師進駐買房促進房地產的活絡天經地義。但翻開內政部的統計，二〇一〇年台南市升格為直轄市，人口數年年增長，曾有一度是南部唯一人口增加的縣市，然而維持八年的人口增長（二〇一七年尚增加四八九人），自二〇一八年起呈現懸崖式的下墜，二〇一八年減少二千六百九十一人、二〇一九年減少二千九百二十五人、二〇二〇年更減少五千九百八十九人，三年共減少一萬多人。怵目驚心外，我們看到什麼？是數字的扭曲嗎？還是戶藉制度的問題？

戶籍是日治時期留下來的制度，國民政府繼續援用。我常問戶籍現在最大的功能是什麼？得到的答案多半是，投票和領取各項福利的依據。當縣市政府競相加碼福利時，會讓人口真正的遷移嗎？不會。當國民教育學區制規定要就近入學，「孟母三遷」會終止嗎？不會。因為戶籍遷移的巧門可以滿足大家的期望。一戶內還可以分戶，多本戶口名簿，更可以寄居很多人，形成幽靈人口影響選舉結果。荒謬的故事相信還有很多。

那麼地方經濟的振興的基礎是戶籍人口？還是常住人口？抑或是我在推動的二地雙城生活（移住人口）？還是透過觀光旅遊、大型活動創造的關係人口？

台灣很小，交通已經是四通八達，一、二小時內的全島移動已是稀鬆平常，台中—台北可以每日通勤、屏東—台北也無不可，甚至不到二十四小時可以繞台灣一圈。我們常見到立法委員早上九點多在台北質詢，中午已在臉書看到他在地方跑攤。短時間、中長距離的移動在台灣已不是問題。

大家都熟悉的嚴長壽先生、朱平老師、蔣勳老師都屬於台東的移住人口，過著雙城生活。許多商場上的大老級企業家，週末在蘭陽平原都有另一個暫歇與休閒的家。前行政院長張善政在花蓮也有個二地居。

我在台東南迴部落看到許多退休的公教人員，每天早上結伴從屏東搭南迴鐵路來到金崙泡溫泉，三五好友相聚，吃個風味餐再回屏東與家人共進晚餐。

他們都比選舉返鄉投票、過年回家團聚的戶籍歸鳥，更有助於地方經濟的振興。

很多台灣人都去看過日本瀨戶內海的藝術季，台灣各縣市也爭相舉辦名稱類似，但內涵迴異的活動，有時不免有畫虎不成反類犬之譏。瀨戶內海藝術季之所以成功在於它創造了許多的關係人口，讓藝術家、設計家長期駐點，與當地人文地理連結，就地創作，帶進就業人口與在地消費，形成一個正循環的生態系。透過持續的關係人口的進駐，活絡地方的經濟與發展。反觀台灣的許多活動，像台灣燈會，多半是劃一塊空地，請設計家、藝術家從遙遠的地方將作品運輸過來參展，短暫的激情過後，空地還是空地，當初的整地費用還可能超過所帶來的效益。

數據資料科學時代，能提供解方嗎？隨著科技的進步，透過行動載具與大數據的蒐集，瞭解人的移動與消費行為已不是不可能。我們需要的是整體資訊的匯流產出做為政策治理與企業發展業務的推手。資料或數據是未來的新戰略資產，誰擁有最大量的數據、誰擁有最強的數據分析能力，誰就能夠掌握最大的商機與利基。數據不像石油有耗盡的一天，數據只會增加不會減少。會運用即時數據才能準確的因應與應變。

現在的世界已沒有時差，地球另一端發生的訊息，我們同步掌握。不管是行政院主計總處還在做的人口普查，或民政、警政體系查戶口所得的數據，顯然都與真正即時的事實脫節。地方創生要成功，必須勇敢面對結構性的問題，人口數字的指標當然不是唯一依據，應該依不同的需求，在軌道上建立不同的數據標準，以切合實際。至於數據的運用與傳輸，一定有人會提出個人資料的隱私保護與資安問題，在我看來用科技能力解決社會問題是唯一解方，台灣做得到的。

二、地方創生不是年輕人的枷鎖，創生更不是創業的代名詞

不錯，地方創生是要面對人口結構兩極化產生的困境，是要促進地方產業發展，把地方的活力與生命力重新找回來。但，地方創生不是為年輕人返鄉設計的政策，更不是為獲取年輕人選票的政治伎倆，這是我們生活在這片土地上所有人的責任，用宗教的說法，今天問題的造成是我們的共業，必須共同承擔。

公部門太多的政策鎖定年輕人，每個機關的網頁上隨便一抓就有，林林總總、洋洋灑灑！單以今年和地方創生有關的補助計畫就有國發會的「青年培力工作坊」、「各區輔導中心」、教育部的「發展在地學習青據點」、經濟部中小企業處的「在地青年創育坊」……更遑論各項為青年人設計的創業貸款、在職訓練、多元人力就業等等。

在一個未公開的場合分享地方創生理念時，有一位媒體朋友有感而發的說：政府鎖定年輕人的政策，看似給年輕人利多，實則是把責任推諉給年輕人。他接著問：地方創生成功與否的關鍵也在年輕人返鄉嗎？我立馬回答，當然不是！地方創生的核心價值之一在以人為本，讓人口回流及不外流，並非鎖定年輕人。我

們期待透過常住、半常住、移居、關係人口來帶動島內移民。地方創生不該是年輕人身上的枷鎖，更不該是他們沉重的負擔。退休移居、斜槓人生的半常住雙城或三城生活形式都是地方創生可創造的人口回流型態。

天空的院子何培鈞是南投水里人，卻在竹山生根；花蓮七星潭定置漁場三代目創辦人 Rush 畢業於東華大學，沒有回鄉，在花蓮立業、成家；官田菱殼炭創辦人政憲，來自高雄，畢業於成大，移居官田創業；藝農號的建叡與婉慈來自高雄及淡水，是南藝大的高材生，留在南藝大所在的官田經營在地產業；科技業退休的 Ben 是「或者」品牌的創辦人，回到他的故鄉——新竹市打造文化、農業、劇場、餐飲、民宿複合式多角經營的企業，回饋故里；同樣也是電子業五哥退休的紀總回到雲林水林，透過科技導入協助在地農民產業轉型。他們都是典範案列，是自然形成的移居與深耕。

我不反對把環境配套、糧草養分準備好後，吸引年輕人返鄉或往偏鄉移動，但我不贊成把地方創生的成敗加諸於年輕人的身上，更不要透過政策利誘或強迫他們返鄉。套句林承毅執行長的話，「地方創生不是年輕人的事，也不是特定人物的事，是大家的事。」我們要努力「全齡合創」。

地方創生的精髓在於結合在地的人、文、地、產、景，打造幸福的桃花源。地方創生這四個字不是我們的原創，因此在相似用語上一直有著「不經意的模糊」存在。我常被問到，地方創生如果就是要年輕人創業，那就用「青創」這個已經老掉牙，但大家都聽得懂的名詞不就好了。還有網路、物聯網科技帶來的新的創業家（Entrepreneur）所打造的「Startup」，原本是「初創」的概念，在台灣譯成「新創」，這是網路世界新經濟的代名詞，雖然多數創業家是年輕人，但同樣不是年輕人的專利。於是「青創」、「新創」、「創業」好像變成了三合一，攪在一起還不就是一杯咖啡，很多人不想花精神去理解。其實是很容易區分與理解的。至於「社會創新」一詞同樣也與地方創生、新創都有某種程度的交集，但追求永續成長的目標則是一致的。

台灣曾經走過中小企業隱形冠軍的輝煌時代，據統計，目前台灣還有一百四十多萬家的中小企業，其中更有一百一十萬家左右，員工人數為五人以下的微型企業，多半面臨二代接班與數位轉型的困境。這些都是台灣長期累積的問題，如何導入友善簡易的併購機制，讓中小企業有機會像瑪利歐吃香菇一樣吸收養分壯大後去打國際盃，是政府的產業政策問題，和地方創生並不直接相關。

地方創生可以鼓勵想創業的人，但地方創生不等於創業。甘樂文創創辦人林峻丞曾經整理調查過地方創生團隊的存活年限，平均必須熬過九．八年。天空的院子何培鈞在竹山十五年，甘樂文創剛過十歲生日，彰化小王子邱明憲的旅庫經營也近十年，他們回鄉或移居的初心都不是創業。

三、法規的桎梏是地方創生推動困難的重中之重

江炳坤先生擔任行政院經建會主任委員時，為了提升政府的效率，訂頒「法制再造」工作計畫，以「法規鬆綁、流程簡化、積極創新」為目標，並設置「金斧獎」，總計進行了八屆，在二〇〇〇年政黨輪替後終止。

台灣政治體制從威權走向民主的過程，法規的變革本是最重要的事。我在第一線從事法制工作，有時會力不從心，主要在於許多的理想會被現實所牽制，當時在我們「業界」（指政府部門的法制單位）常開玩笑說，法案在送出門前最好批個八字，鑲除妖魔鬼怪，不然何時過關難以預期，我的記憶中有一項陽光法案是七進七出立法院，甚至還有屆期不續審退回後就被冷凍，或從此自地表消失，永無重見天日的案例，不勝唏噓。

台灣是一個小島，是一個以貿易為主的國家，經濟發展要與國際接軌，法規當然要跟得上時代，不但要與時俱進，更要有彈性、要機動，因為徒善不足以為政，徒法不足以自行，法與時轉則治，治與世宜則有功，這是老祖宗教給我們的道理。但事實不然，到現在還是不斷聽到大家的呼籲，希望政府要法規鬆綁，更諷刺的是說，「拜託不要鬆了又綁」。

記得司法院翁岳生院長常勖勉法制同仁不要成為經濟發展的絆腳石，雖然我二〇〇六年就離開了法制部門，但法律還是我的本業，翁老師的話一直在我腦中縈繞。既然前經建會可以做法規鬆綁的工作，國發會當然也可以再次啟動，讓台灣的法制可以真正邁向民主化及更符合數位經濟時代的要求。於是，我上任後立即前往台經院拜訪江前主委（他當時是台經院的董事長），除了請益之外，我也向他報告我的做法會有所改變，我採取「由下而上」（從行政函釋↓行政規則↓法規命令↓法律的順序進行檢討）、「由外而內」（要求中央各部會進行檢討，必要時由國發會跨部會協調）、「時間管控」（每季檢討成果）三個策略，並且在法協中心成立「法規調適小組」，針對網路社會所產生的新經濟型態，如共享經濟、零工經濟、零接觸經濟、訂閱經濟等所產生的法規疑義進行研議與協調，期待協助創業維艱的新企業有好的動力向前行。他非常的認同也給了祝福。

儘管我離開國發會時，已完成了近八百個法規、函釋的鬆綁或調適，但台灣的法規多如牛毛，行政的函釋更是難以數計，司法的數位轉型更如老牛拉車，ＡＩ的深度學習沒用上，該鬆綁、該檢討的法規仍隨處可見。這是長期結構的問題，一定要勇敢的面對與解決。

地方創生遇到的法規問題實在不比企業少。例如，台灣的土地管制過於嚴苛，使用的容許性低，致廢棄的國有魚塭變成雜草叢生的林地、廢棄的學校難以滿足長照的需求、工業用地與民生產業性質不符，設廠找不到合適的土地；都市計畫變更的流程過於冗長，內容過於專業，平民百姓難以理解；私人土地涉及繼承的問題，是個無解的難題，於是偏鄉地區處處是閒置的三合院、廢棄的農舍與殘破不堪的房舍；公務員害怕被冠上圖利的罪名，各種遊戲規則千奇百怪，承辦人可以用採購程序，剝奪法律所沒有限制的申請人資格；公私協力的雙贏法則，硬是在法律體系中被迫離婚；條文的正面表列變成承辦人的尚方寶劍，也成為民怨的來源；威權時代遺留的政策解編，因為法規沒有澈底檢討而一再延宕；農民身分認定非以實際從農為依據等等，只有碰上了，才知道台灣人民是多麼的善良，多麼的民不與官鬥。

唯有教育，地方才能創生

我曾被甘樂文創創辦人林峻丞的一張簡報刺痛了心。簡報的照片是三個小男生坐在爸爸開的鐵牛車後面的「後戽」面向車後，從果園回家的三張稚嫩的臉龐是一種茫然，標題是「留鄉的『負』二代」。峻丞的祈求是：要培養留鄉的能力，峻丞的結論是：唯有教育，地方才能創生。

我借用他的結論做為這個段落的標題。

何培鈞在去年遠見高峰論壇和葉丙成教授同場，他們都談台灣的教育問題，葉老師談高教學生對未來的茫然，培鈞的觀察是，台灣的教育從小教我們的不是認識故鄉，而是遠離家鄉，教我們畢業就要離鄉背井，追求功成名就。返鄉時，擔心變成怕父母被街坊鄰居取笑的藉口，更大的原因是對自己家鄉的認同不足。之後培鈞告訴我，竹山產竹子，但和竹子有關的產業，包括文創，竹山在地找不到學校有相關的課程與科系。同樣的狀況在我前往輔導雲林虎尾的毛巾產業時，也發現人才斷層嚴重。

第二次來到南澳，有機會認識扣扣老師陳子倢，她是《關鍵評論網》選出的「2021 未來大人物」，曾經是個離家出走的孩子，還好沒有變壞，努力讓自己成為一個關心親子家庭教育，願意為土地付出的小女生。南澳因政府的政策，讓許多的漢人因孩子的教育都搬到都市去了，留在當地的多是弱勢且欠缺家庭支持系統的孩子，甚至有孩子的媽媽答不出孩子的爸是誰的悲哀。茶籽堂趙文豪帶著團隊進駐朝陽社區，他當然可以把苦茶油的產業根種在這裡，他也可以建立莊園提供就業機會，但孩子呢？所幸扣扣的小人小學補足了這一塊。

教育新創的朋友告訴我，還好有一〇八課綱，讓我們透過新課綱的素養學習，讓多元的學習、不設框架的學習能改變台灣家長、學校老師的思維，讓孩子可以真正的快樂成長，讓這一代可以用教育為孩子裝上飛向夢想的翅膀。

台灣存在的結構性問題當然不只上面的三項，而這些結構性問題如果不面對，長期累積的結果，未來可能要用數倍、數十倍的成本，都不見得能解決。OK 繃或許可以暫時掩蓋傷口，但它卻沒有辦法根治。面對它、接受它、處理它、放下它，聖嚴師父的「四它」智慧是最好的處方箋。期待台灣能有前瞻的領導，解決沉痾，翻轉思維，成為令人稱羨的真正幸福國度。

我的未來不是夢——地方創生終極目標「台灣不再有偏鄉」

最近最受矚目的議題不是新冠肺炎的疫苗，也不是中美兩強在你爭我奪，而是微軟創辦人比爾蓋茲（Bill Gates）出版的一本書《如何避免氣候災難》（*How to Aviod a Climate Disaster*），他呼籲二〇五〇年一定要零碳排，並說這不是天方夜譚！未來的世界就是結合科技，全面啟動淨零碳的新經濟。台灣今年遇上了五十六年來最嚴重的乾旱，狀況還在持續中，時間也沒有暫停還在往前走。假如現在是二〇五〇年，這一代的我們或許已不在，但未來的子孫會如何檢視我們今天所做的事？

既然連氣候變遷這麼大的議題都不是天方夜譚，台灣的地方創生工作終會有成功的那一刻，端看我們的決心夠不夠，願不願意堅持下去。我相信正確的策略引導，有共識的手牽手前進，不論是舊故鄉抑或新故鄉，只要有對地方的熱情、熱誠與熱血，共創共好共榮的生活圈一定會自然形成，屆時行政區劃與選區的劃分都有機會水到渠成，而不必刻意用政治的手段來完成。另外隨著數位科技時代的來臨，用科技與創新改善偏鄉的現況及滿足其需求，讓偏鄉不再是偏鄉。

二〇二一年是台灣地方創生三年，美伶姐的地方創生菜單，邀請所有對台灣地方創生有使命的同好，一起來分享：

第一道菜 要打造台灣地方創生共好大平台，連結技術、人才、資金、市場、行銷、品牌等的介接，讓各地方創生團隊可以攜手共進。

第二道菜 用新經濟科技的方法，透過即時數據交換機制，讓資源的連結更為公開與透明。

第三道菜 與關心地方創生的各種社群與團體連結，協助以其既有資源與能量，用共學方法、交流取經，創造最高的效益。

第四道菜 台灣經驗世界看得見，透過在地及各種連結與日本、韓國及東南亞國家接軌。

第五道菜 持續盤點推動地方創生的法規障礙，提供建言給公部門參考。

後記

這本書是每個地方創生團隊的故事串起的，我深深一鞠躬感謝你們讓我看到，感謝你們讓我分享。書的出版只是個起點，因為台灣的地方創生是個沒有設定期程的計畫，端賴我們對家鄉認同及改變家鄉的用心程度，還有我們的耐心。我相信唯有二十二個縣市手牽手一起往前走，台灣的均衡發展才能全面實現，而那一日終將到來。

美伶姐的台灣地方創生故事

作者—陳美伶

總編輯／吳佩穎
責任編輯／郭昕詠
封面設計／張議文
內頁設計／鄒佳幗
內頁排版／鄒佳幗
設計協力／ Ivy
圖資提供／ Shutterstock.com、今周刊、陳美伶

出版者／遠見天下文化出版股份有限公司
創辦人／高希均、王力行
遠見・天下文化 事業群董事長／高希均
事業群發行人・CEO ／王力行
天下文化社長／林天來
天下文化總經理／林芳燕
國際事務開發部兼版權中心總監／潘欣
法律顧問／理律法律事務所陳長文律師
著作權顧問／魏啟翔律師
地址／台北市 104 松江路 93 巷 1 號 2 樓

讀者服務專線／ 02-2662-0012　　傳真／ 02-2662-0007, 02-2662-0009
電子郵件信箱／ cwpc@cwgv.com.tw
直接郵撥帳號／ 1326703-6 號 遠見天下文化出版股份有限公司

製版廠／中原造像股份有限公司
印刷廠／中原造像股份有限公司
裝訂廠／中原造像股份有限公司
登記證／局版台業字第 2517 號
總經銷／大和書報圖書股份有限公司
電話／ (02)8990-2588
出版日期／ 2021 年 5 月 31 日第一版第 1 次印行
2023 年 4 月 22 日第一版第 5 次印行

定價／ NT500 元
ISBN ／ 978-986-525-147-5
書號／ BCB730
天下文化官網／ bookzone.cwgv.com.tw

美伶姐的台灣地方創生故事 / 陳美伶著 . -- 第一版 . --
臺北市 : 遠見天下文化出版股份有限公司 , 2021.05
面； 公分 . -- (財經企管 ; BCB730)
ISBN 978-986-525-147-5(平裝)
1. 產業政策 2. 區域開發 3. 創意 4. 臺灣

552.33　　110005496

天下文化
BELIEVE IN READING